Quand le travail vous tue

Aude Selly

Quand le travail vous tue

Histoire d'un burn out et de sa guérison

Témoignage

MAXIMA
LAURENT DU MESNIL • EDITEUR

Aude Selly, 33 ans, manager de proximité puis chargée des ressources humaines, elle-même touchée par le syndrome et les conséquences du burn out, souhaite désormais sensibiliser sur ce phénomène.
Ce livre est son témoignage.

Vous pouvez joindre l'auteur à : aude.selly@maxima.fr

MAXIMA
LAURENT DU MESNIL EDITEUR

8, rue Pasquier, 75008 Paris.
Tél. : 01 44 39 74 00 - Fax : 01 45 48 46 88

ISBN : 9782840017554

infos, nouveautés : **www.maxima.fr**

À ma mère.

Les choses ne changent pas,
c'est nous qui changeons.

Henry Thoreau

Sommaire

Prologue

Au Dr. Cyrille Deloro

Mon cher Cyrille,

Au moment où je rédige ces mots, j'écoute une émission dans laquelle tu animes un échange sur « le regard sur le normal et le pathologique ». A l'instant, c'est un anonyme atteint de la maladie de Parkinson qui te parle. Je pleure. J'entends ta voix, et je suis si profondément touchée. Je suis si fière de toi, de ce que tu réalises, tu ne sais pas à quel point. Tu as compté, tu comptes et tu compteras toujours. Il n'y a jamais eu de superflu entre nous, beaucoup de sincérité, de sensibilité, d'authenticité, peu importe nos origines, notre statut social, notre niveau d'intelligence, nos opinions. Liés par une amitié de longue date, avec des moments de silence, de repli, de vie quotidienne à gérer... Et puis un jour, l'émotion de nos retrouvailles. Ensuite ? Le temps qui défile mais toujours une pensée. Un déjeuner ? Un verre ? Quand nous le pouvions et présent à l'appel de l'autre, sans reproches. Jamais. Ce livre est tellement important pour moi. Je partage mes pensées, mon vécu, mes observations, mes analyses, mes forces, mes faiblesses. Une seule personne pouvait prendre assez de distance avec moi-même tout en me connaissant suffisamment pour donner un avis neutre, humain et professionnel, donner de la hauteur, de l'ampleur à la percussion qu'aurait cette lecture. Je ne suis pas écrivain, j'ai écrit par nécessité. Quoi qu'il advienne, laisse-moi te dire ce mot : Merci.

Introduction

Le jour où j'ai entendu parler du *burn out*

Je suis de retour d'un week-end à Londres, moment de détente, de discussions et de délires entre filles, le réveil sonne et je dois aller travailler. Les yeux ouverts depuis 5h00, impossible de me rendormir.

Je suis épuisée, je me sens mal, j'ai mal au ventre, je suis angoissée. Je n'ai pas envie de me lever, j'aimerais dormir sereinement. Je ne prends pas de petit-déjeuner, comme d'habitude, et je pars. Tôt. J'aurai du temps pour lire les mails et être tranquille. Je pense à tout ce qu'il y a à faire, je pense au fait que je n'ai plus de stagiaire. Je suis seule. Les larmes me montent aux yeux.

Mais qu'est-ce qui m'arrive ?
Je ne me sens pas bien. J'ai peur. Je suis fatiguée.
Tu n'aurais pas dû partir ce week-end, voilà, il va falloir que tu trouves de l'énergie maintenant.
Oui... mais où ?
J'ai une place assise, c'est reparti pour le trajet Colombes-Paris. 12 minutes.
Je ne me sens pas bien. Les larmes coulent, j'essaie d'éviter qu'on le remarque. Je suis paniquée.
Je ne veux pas y aller.
Il y a tant à faire, et je dois assurer, merde. Je pense à lui, au remplaçant de ma responsable hiérarchique qui a quitté l'entreprise.
Je n'y arriverai jamais.
Je fonds en larmes. Je ne comprends plus rien.

J'appelle ma sœur et j'arrive à lui expliquer au travers de mes pleurs :
– Je ne sais pas ce qui m'arrive, je suis dans le train, j'arrive à la gare Saint-Lazare, mais je ne contrôle plus rien, je n'arrête pas de chialer, je n'ai pas d'énergie. Je dois y aller… je ne sais pas quoi faire.
– Ça suffit, Aude, tu vas voir le médecin, ce n'est pas possible.
– Non, je ne peux pas me mettre en arrêt.
– Tu vas faire quoi ? Y aller ???? Mais tu t'entends ?

Arrivée à la gare, j'avais raccroché.

Je connais le chemin pourtant, à droite, tu descends les escaliers, tu traverses et tu vas prendre ton bus. Comme d'habitude.
Avance, bon sang !
Mais je n'y arrive pas. Je regarde le train, je regarde la foule qui s'agite, qui sait où elle va, elle. J'entends vaguement une annonce de la SNCF. Je suis tétanisée.

Qu'est ce qui m'arrive ?
Trou noir.

Je suis dans le cabinet d'un médecin. Je suis en larmes. Il me pose des questions et me dit que je fais un début de burn out. C'est la première fois que j'entends ce terme.

Je ne comprends pas.
– Vous devez vous arrêter absolument, sinon vous allez dans le mur.
– Quel mur ? Mais je suis juste fatiguée, ça va passer, je ne peux pas m'arrêter, ce n'est pas possible. Je suis partie en week-end, je me suis amusée, un peu trop sans doute ? J'ai mal dormi, je rentrerai tôt pour rattraper

mon manque de sommeil.
– Vous pensez que vous serez productive dans l'état où vous êtes, là ? Devant moi ? Vous pensez qu'il ne s'agit que d'un coup de fatigue ?
– …
– Je vous recommande un arrêt de 15 jours. Pas moins.
– 15 jours ???
Mon Dieu, qu'est-ce que je vais leur dire ? J'aurai encore plus de boulot après ; mais quel cauchemar, 15 jours. Il faut que j'envoie les informations à la paye, qui va s'en occuper ? 15 jours, au secours, ...
– Oui et vous devriez prendre cela très au sérieux. Vous devez en parler à votre direction, c'est anormal. Vous ne tiendrez pas 6 mois comme ça.
Mais je leur ai déjà parlé ! Ils n'ont rien entendu, rien vu. Et aujourd'hui, à qui parler ???
– …

Et je cède. De toute façon, je suis tellement épuisée, je n'arrive même plus à argumenter. Mon cerveau s'emballe, il turbine, trop. Mes pensées, les reproches, la culpabilité s'entrechoquent. Je ne sais pas quoi faire. Je suis désemparée. Je suis déçue de moi-même. Mais je cède. Je n'ai plus la force.
– 15 jours. D'accord.

Le médecin m'avait prévenu, je ne tiendrais pas six mois. Mais il s'est trompé. J'ai tenu neuf mois

Je suis allée voir mon médecin de famille, elle a confirmé le diagnostic du burn out : épuisement professionnel, à un stade élevé.
Convoquée par la Sécurité sociale, le médecin-conseil valide également ce diagnostic.

Retour en arrière.

Le jour où j'ai trouvé le poste idéal

Mon téléphone portable sonne la veille de ma prise de poste, dans la soirée.
– Bonjour Aude, tu commences demain matin et je voulais juste m'assurer que ça allait, je suis sûre que tout se passera bien.
– Heu... merci ?

Quatre entretiens. Ma future N+1, le responsable Recrutement, le Directeur des Ressources Humaines et le Directeur du magasin.
Dès le début, je me rappelle à quel point j'étais surmotivée par ce poste. Je sais que je les ai convaincus. Comment en aurait-il été autrement ?
Après avoir argumenté sur mon parcours, sur le pourquoi de ma candidature : *Je veux ce poste, je sais qu'il est fait pour moi.*
C'est exactement la phrase que j'ai prononcée devant chacun de mes interlocuteurs pour conclure mon échange, leur démontrer ma motivation, faire la différence.
J'étais tellement stressée par l'attente de la réponse finale.

Gestionnaire Ressources Humaines pour une enseigne prestigieuse.
Le Directeur des Ressources Humaines m'avait prévenue :

– Nous n'avons pas le droit à l'erreur dans notre recrutement cette fois-ci, vous êtes la 4e, on vient de mettre fin à la période d'essai de la personne précédente.

Ce magasin a besoin de stabilité, il est important.
Et cette phrase qui m'a marquée :
– Ce poste est compliqué parce que tu es loin de l'équipe du siège et parfois on t'oubliera.

Je pense que mon cerveau a enregistré ces termes quelque part, puisque je ne les ai jamais oubliés, pourtant je n'ai pas réagi et j'aurais sans doute dû.
Évidemment, mon corps, mon cœur, mes paroles ne désiraient qu'une chose durant cet entretien : obtenir le poste.
Et ce fut oui.

– Je tiens à vous remercier, ainsi que les personnes rencontrées, pour la confiance que vous me témoignez. Je suis ravie de vous avoir convaincus de ma motivation à mener à bien cette mission.

Je ne peux pas vous décrire à quel point j'étais heureuse, fière, et si enthousiaste. Je savais où j'allais, mon ambition, commencer avec le magasin le plus important, le flagship, puis élargir le périmètre aux autres magasins.
C'était ce que je voulais par-dessus tout. Devenir Responsable RH Opérationnelle pour la France, le back-up de ma « boss ».
Ne vous méprenez pas. C'était un objectif, un but, la carrière à laquelle j'aspirais, mais à la loyale, en travaillant en équipe, en obtenant des résultats, en apprenant d'elle et de ceux qui m'aideraient à progresser, en exprimant ma volonté à la hiérarchie. Je sais comment ça marche. J'étais pleine d'énergie, d'envie, d'idées.

J'allais au travail en courant le matin.
Alors ? Qu'est-ce qui s'est passé ?

«Vulnérable :
Qui est exposé à recevoir des blessures, des coups. »

1.

MON CHOIX DE CARRIÈRE

Pendant mes études, j'ai dû prendre un job pour payer mes factures. Je le dois à ma sœur d'ailleurs. Un temps partiel dans une chaîne de pizzerias. Horaires flexibles, travailler le soir, le week-end, c'était ce qu'il me fallait.

Tout est parti de là. Ce devait être « temporaire ». Je devais trouver un « vrai » travail après l'obtention de mon diplôme en hygiène, sécurité et environnement, en attendant, cela ferait l'affaire.
J'ai adoré cette expérience. Vraiment. Le type de « petit boulot » formateur. Mes premiers « vrais » chefs, mes collègues, les clients, les coups de pression....
J'étais la salariée qui ne posait pas de problème, qui faisait son travail consciencieusement, je ne voulais surtout pas créer de vague. En plus, j'avais été recommandée, hors de question de salir la réputation de ma sœur !

Je voulais bien faire aussi. J'ai toujours eu un côté « bonne élève », en classe c'était déjà le cas. J'étais mature aussi, je le sais, je vivais déjà seule, et j'avais le sens des responsabilités. On pouvait compter sur moi.
Avec mon regard d'employée polyvalente, poste qui m'était attribué, j'ai observé, beaucoup. Pour la première fois, j'étais dans la vie d'entreprise et j'y participais ! Mon premier contrat à durée indéterminée, j'y resterai peut-être très longtemps ?

Effectivement, j'y suis restée et j'ai évolué. Il y a eu ce déclic du « terrain ». Je n'étais plus dans la théorie, les cours, les polycopiés sur les bancs de l'amphithéâtre... avec cette épée de Damoclès qui se rapprochait jour après jour : « Mais qu'est-ce que je vais faire comme métier ? Qu'est-ce que je vais faire de ma vie ? »

Soyons honnêtes. Après mon baccalauréat scientifique, après les rendez-vous avec le conseiller d'orientation, les magazines du type *L'Etudiant*, les salons « que faire après le bac ?», matraquée d'informations, de prospectus, d'échanges avec les représentants d'école, d'avis externes « non, ce n'est pas pour toi » ou « tu vaux mieux que ça », en ce qui me concerne, c'était le flou total. Je ne savais pas ce que je voulais faire. Je n'ai pas choisi la faculté par envie, mais uniquement par défaut : « vous avez de bonnes notes en sciences, vous devriez vous orienter vers un DEUG ». Ah ?
Et puis, la route s'est dégagée via ce que je pensais « temporaire » et qui est devenu « permanent ». D'employée motivée et enthousiaste, je suis devenue assistante manager, jusqu'au poste de directrice.
Et comme je vous le disais, tout est parti de cette expérience.

Jeune manager, à mes débuts, j'étais inexpérimentée. J'ai bénéficié de sessions de formation parfois bien tardivement. En attendant j'apprenais sur le tas, dans l'urgence. J'étais frappée par ce manque de cohérence, mais je ne pouvais être présente aux formations que lorsque l'organisation du travail le permettait ! Il n'y avait pas d'alternative. J'attendais impatiemment ces formations, indispensables pour faire face aux exigences de ma fonction, et que de déception ressentie par les annulations, les reports parce qu'il fallait gérer les impératifs du terrain.

Mais j'ai énormément appris au contact de managers plus anciens, de mes responsables. Comme souvent, une rencontre, une discussion peut agir comme un élément déclenchant.
Une carrière dans les ressources humaines ? Je n'en avais jamais entendu parler. Pas en cours en tous les cas. Ou si peu que je n'en ai absolument aucun souvenir. Classes prépa, faculté, médecine… Ca oui ! Mais RH ? Le mépris pour les filières technologiques me faisait comprendre qu'il s'agissait d'une voie peu glorieuse.

Dans la chaîne de pizzerias, une assistante confirmée dont j'avais entendu parler (vous savez les « rumeurs ») a été mutée en tant que directrice sur mon unité. Elle était réputée pour être pénible, axée sur la réussite donc très impliquée sur les résultats et d'une disponibilité sans limites pour y parvenir. J'allais être son adjointe. Je me disais que ce serait bien difficile de travailler avec elle.
Elle préparait un diplôme dans ce domaine.

L'entreprise contrôlait le respect des règles internes et externes grâce à divers outils. Nous avions un audit social, une évaluation sur les critères légaux (visites médicales, rédaction des contrats, déclarations d'embauche, tenue du registre du personnel…) ; suivant les résultats obtenus, ça permettait d'obtenir une prime. Cette nouvelle directrice était ambitieuse, je l'étais aussi et, sans aucun doute, nous avons formé une belle équipe. Nous nous sommes tout de suite bien entendues, et je comptais tout mettre en œuvre pour l'aider, nous devions obtenir les meilleurs résultats.

Aujourd'hui, c'est une de mes amies les plus proches.

La découverte des « RH »

Durant toutes ces années, j'ai vu les dégâts que pouvait provoquer un manager « petit chef », le manque de communication qui créait confusion et malentendus, à quel point certains managers travaillant si durement pouvaient se sentir complètement démotivés parce qu'ils étaient livrés à eux-mêmes. Il manquait parfois juste un entretien, une indication de la hiérarchie pour relancer, définir clairement les postes, savoir qui fait quoi. Les équipes du siège étaient loin, déconnectées, passaient en coup de vent. L'équipe ressources humaines considérée comme bureaucratique, ne comprenant rien au terrain. Les pizzerias étaient ouvertes 365 jours par an, il y avait des problèmes à régler le soir à 23h, le dimanche, les jours fériés aussi, les tâches administratives lourdes à mener et le plus souvent en dehors du temps passé sur le terrain (c'est-à-dire la majorité).

Je voyais les dégâts d'une prime de transport oubliée pour un salarié au SMIC et que le service paye mettait parfois trois mois à rembourser, la prime au mérite annuelle versée quatre mois plus tard, l'entretien d'évaluation annuel reporté à plusieurs reprises parce qu'il y avait toujours un imprévu pour le (pauvre) manager débordé, c'était pourtant un moment important pour le salarié.

Je voyais le « petit nouveau » arriver le 1er jour pour son intégration, ne pas être accueilli dans de bonnes conditions car c'était le rush, il y avait sans doute un absent, et pas de temps pour contacter et reporter l'arrivée en expliquant pourquoi (si le manager avait même pensé à cette solution !), ce nouveau recevant sa tenue vestimentaire entre deux portes, lâché sur un scooter avec un autre employé à qui on n'avait même pas eu le temps d'expliquer ce qu'on attendait de lui en tant que « tuteur »... bref la difficulté d'un rôle exigeant à la fois une mission de production, de bien-être des collaborateurs et de réalisation personnelle...

J'ai compris. J'avais trouvé ma voie.

De manager d'équipe, j'allais évoluer pour travailler en tant que professionnelle des ressources humaines.
Je savais exactement quel poste je voulais : rester au contact des managers, et les aider dans leur fonction. Je n'avais pas (encore) fait d'études en RH et pourtant je le savais : une entreprise reposant sur un système de management décentralisé (ou non d'ailleurs, le management commence à deux !) sans donner les clefs aux opérationnels de terrain ni les accompagner dans ce rôle, ne pouvait pas fonctionner correctement. Laissés seuls, ils créent des dommages collatéraux. Et moi, je m'en souciais de ces dommages, autant pour les salariés que pour les conséquences que cela avait sur l'entreprise.
On m'a souvent entendu dire que le métier de manager d'équipe était passionnant mais, selon moi, un des plus difficiles à tenir.
Il était important de faire une autocritique lorsque la performance managériale n'était pas à la hauteur de ce que souhaitait l'entreprise, voire débouchait sur une séparation volontaire ou non.
Qu'avait-on manqué ? Qu'avait sous-estimé l'entreprise ? Qu'avait-on considéré comme « secondaire », et reporté à plus tard ?

J'appliquerais alors ma vision des ressources humaines et je conseillerais les managers sur leur responsabilité dans la proximité, la franchise (que j'appelle le courage managérial), l'encouragement. Je les aiderais à prendre les décisions sur les critères les plus objectifs possibles, anticiper les conséquences, penser collectif mais améliorer l'individu, éviter le favoritisme, donner une direction, être précis dans la communication pour éviter la mauvaise interprétation, savoir trancher ou consulter, respecter les règles et les procédures en recherchant et en leur fournissant des outils pour rendre compréhensibles ces règles et ces procédures, en les formant pour qu'ils les maîtrisent (il fallait songer à leur faciliter le quotidien, pas l'alourdir), qu'ils apprennent la reconnaissance, les critiques constructives, la culture du résultat en s'interrogeant sur le comment… Il y avait de quoi faire !

Je serais exigeante avec eux, mais le pire juge pour moi-même. « Être » avant de leur demander de suivre. Ne rien laisser passer. Toujours me remettre en question, chercher ce que j'aurais pu faire différemment. Ecouter, modifier, ajuster si nécessaire. Je n'ai pas la science infuse, mes résultats en tant que manager, je les avais obtenus grâce à l'investissement des salariés qui m'avaient suivie, que j'avais convaincus, engueulés, félicités, sanctionnés parfois. J'ai côtoyé un certain nombre d'hommes (surtout) et de femmes (quelques-unes) managers, j'avais mon idée sur les qualités d'un « bon manager ». La liste théorique peut être longue, mais deux qualités suffisent pour indiquer un potentiel : objectivité et humilité. Le troisième sur ma liste ? La solidité. Etre manager, ce n'est pas qu'un statut, ce n'est pas que « donner des ordres ». C'est aussi être seul, prendre des décisions rapides, être sur tous les fronts, soutenir la hiérarchie même si on n'est pas d'accord (il sera temps d'en discuter en face en face ou avec les homologues si le manager se sent capable et libre d'en parler sans avoir peur de perdre sa place ou de s'attirer les foudres des supérieurs), travailler avec les autres, déléguer, recruter, réfléchir aux actions pour augmenter le chiffre, agir dans l'urgence, lâcher pour mieux gagner, être stratégique. Ce n'est pas aussi facile que certains le pensent. Les managers font des erreurs, et ils ont le droit. Ils doivent le reconnaître et s'améliorer. Ne pas s'en vouloir d'être défaillant sous prétexte d'être le chef. S'ils ne le reconnaissent pas, cela doit être dit. On peut les aider à rectifier le tir. S'ils persistent, peut-être faut-il recadrer, sanctionner avant tout, au final peut-être licencier. Pourquoi ? A cause des dommages collatéraux : humains, économiques. Et pour le bien de l'entreprise même.

Avant de juger la contre-performance, je vous le demande : a-t-on donné les moyens ? A-t-on promu la bonne personne ? A-t-on pris le temps de se demander si ce candidat est prêt ou si l'urgence de pourvoir un poste n'a pas influencé la décision de le jeter dans la fosse aux lions ?
Pourquoi ? Non seulement pour lui, mais aussi pour l'impact sur les autres. A l'instant où la décision sera prise, où le candidat héritera de ce rôle, il ne s'agira plus seulement de lui seul.
Il pourra avoir le potentiel, mais il faudra l'accompagner. Prendre le temps de le faire. Nous faisons tous des erreurs. J'en ai fait en tant que manager, j'en ferai en tant que professionnelle des RH. Evidemment !

J'étais sûre de mon choix de carrière car il venait de mes tripes.
Ce poste idéal ? J'en rêvais il y a un peu plus de 10 ans.

Je savais bien que je n'y arriverais pas d'un coup de baguette magique. Il y aurait des étapes. Ca ne serait pas facile. Ça prendrait du temps. Mais je savais où j'allais, portée par ma motivation intrinsèque. Commencer au bas de l'échelle ? Aucun problème. Avec plaisir même. C'est même essentiel dans ma vision des choses. Ce serait un atout. Qui pourrait me dire un jour « tu ne sais pas ce que c'est qu'être vendeur, tu ne sais pas ce que c'est qu'être manager, tu ne connais pas nos problèmes ». Si, je sais. De mon point de vue peut-être, pas tout non plus, alors si tu veux en parler, allons-y, mais si, je sais. Cherchons plus loin, veux-tu ?

Une formation sur le tas

Il fallait changer d'entreprise, je n'allais pas y arriver chez eux. Embauchée, c'est fait, faire ses preuves sur le terrain, c'est fait. Durant les entretiens annuels, je communiquais mon souhait d'évoluer sur un poste RH au siège. J'attendais. La remontée des besoins en formation. Sourire en coin. Une réponse s'il vous plaît ? Oui ? Non ? L'attente. Mais dites-moi enfin ! Même si c'est non, tant pis, au moins je saurai ! Je trouverai une solution !!!
Je continuais mon travail, l'animation d'équipe, du chiffre… J'étais frustrée, en colère. Nouvel entretien annuel (mais bon sang, ça sert à quoi ces formulaires d'évaluation ? Ils vont où ? Qui les lit ? Il a noté au moins ce que je veux faire ?)
Et un jour, enfin, on me répond, « Tu n'as pas de diplôme dans ce domaine. Fais d'abord tes preuves sur le terrain, en tant que directrice, on verra par la suite ». D'accord, mais combien de temps devrais-je encore revêtir un costume qui ne me convient plus ? Comment puis-je atteindre l'objectif que JE me suis fixé ?

Vous n'avez rien à me proposer ? Ok. Je ne leur en voulais pas, après tout, il y a une société à gérer, sans doute pensait-on que je n'avais plus l'entreprise en tête. Pourtant si mais à un poste qui me correspondait

vraiment et où je savais que je serais efficace naturellement. Je me suis débrouillée seule, j'ai cherché une solution, j'ai obtenu un financement pour ma formation.
Enfin ! J'opérais ma reconversion de manager « terrain » à professionnelle RH. J'ai obtenu mon diplôme de Chargée des Ressources Humaines.

L'administration du personnel n'est pas particulièrement considérée comme un domaine productif. Il n'y a pas de résultat visible immédiat. Pourtant, c'est un secteur clef. Il n'est pas qu'administratif, sa maîtrise participe au résultat, au chiffre d'affaires, il a un impact sur la bonne santé de l'entreprise, il a aussi un impact sur le salarié. Rigueur, précision,... il n'est pas « secondaire ». Ah oui, moins visible que le recrutement certes. Beaucoup ne comprenait pas, ne reconnaissait pas, ne connaissait même pas d'ailleurs.
Ce n'était qu'une étape, j'apprenais, j'absorbais. J'étais ravie.

La paye ? Je suis la première à avoir pensé « jamais » pendant les cours. J'ai compris que ce métier demandait une expertise incroyable. Difficile. Je ne crois pas me tromper en pensant aux élèves qui choisissent les RH aujourd'hui, souvent ils préfèrent évoluer dans le recrutement, la GPEC (gestion prévisionnelle des emplois et des compétences), accéder rapidement à un poste d'envergure, seule une minorité se sent prête ou a saisi qu'ils pouvaient commencer leur carrière dans le domaine de la paye et évoluer par la suite. Il faut aimer les chiffres, bonjour les obligations légales, DADS, calcul des payes, paiement des charges, vous serez peut-être considéré comme une petite main... c'est faux. Ce domaine est tellement plus large. Il est au cœur des services de l'entreprise. Il peut vous porter loin et haut.

Regardez le marché du travail. Ces professionnels sont recherchés. Bref…

J'ai eu 19 à l'examen. Next. Je restais sur mon objectif. Une mission de gestionnaire paye en intérim ? 1 mois ? D'accord. Pas de fine bouche, cela me servirait plus tard. Apprends. Observe. Cela paiera. J'ai aimé ça d'ailleurs. Le côté expert, les collègues de la paye, toutes des femmes. Je ne connaissais rien. Elles m'ont appris. Je devais être en support de la gestionnaire paye, senior, à l'approche de la retraite. Elle était épuisée, pestait contre l'entreprise. Elle a été arrêtée. Dépression ? Ah ? Je me suis retrouvée seule.

Seigneur, mais comment vais-je gérer les payes ? Et de pigistes en plus ??? Je ne suis là que pour aider moi ! Mission prolongée ? J'accepte !!!

Apprendre sous la pression, peu importait, j'étais volontaire. La responsable de service m'a transmis son savoir-faire, je pense qu'elle a vu ma volonté, je terminais tard. Aussi tard voire plus tard que les confirmées, vu que je n'avais pas leur dextérité. Sois précise, une paye c'est important !
Quelle fierté d'avoir fait cela.

Je me rappellerai *ad vitam aeternam* le jour où, par curiosité, j'ai ouvert un placard et que j'y ai trouvé une montagne d'arrêts maladie. Je ne comprenais pas ce que cela signifiait à part le fait que c'était le bazar et que personne n'avait eu le temps d'archiver.
Vu les commentaires de la responsable, j'ai compris. Indemnités ? Sécurité sociale ? En effet, les arrêts maladie provoquent une perte de salaire du salarié suivant son ancienneté (un an) et une fois cette période passée, c'est l'entreprise qui compense directement la

perte en maintenant le salaire, et qui doit se mettre en relation directement avec la Sécurité sociale pour recouvrer le montant.
Inutile de réfléchir bien longtemps pour réaliser l'impact financier pour les deux parties.
D'accord. J'ai retenu cette information capitale au cas où j'y serai confrontée ultérieurement.

Le poste idéal

Et puis un jour, en plein travail, un appel. J'ai dû crever le tympan de la directrice d'agence. Quelques pleurs de joie aussi.
Le poste idéal. Et je voyais encore plus haut. Toujours. J'étais portée par deux choses : la passion et le devoir d'agir.

Je suis en colère car j'ai gravi chaque échelon à la sueur de mon front, je n'avais pas d'alternative et j'ai voulu en finir car j'ai tout donné pour servir au mieux, faire au mieux dans mon travail.
Cela m'est désormais insupportable.
Aujourd'hui pourtant, je le sais depuis toujours, je veux parler d'un sujet préoccupant, et qui concerne tant de monde. J'ai voulu en finir, épuisée par tant de gifles reçues, alors que mon idéal était de servir à mon niveau, parce que je me sens concernée.
Je suis prête.
J'ai toujours agi ainsi, tomber, me relever en clopinant, je suis retombée, j'ai analysé, changé de direction, je me suis relevée avec difficulté, je suis retombée… et ça n'en finit plus même si j'ai progressé.
Je suis fatiguée de cette lutte, et vous comprendrez en lisant mon histoire.

ASSEZ.

J'arrête de jouer, j'arrête d'en être le pion.
J'ai compris la leçon.
Je tape du poing sur la table et je vais aller frapper aux portes des « grands ». Pourquoi ? Parce que j'ai compris que j'étais non seulement au même niveau, mais que c'était le seul moyen d'y arriver.
J'ai voulu abandonner, mais je suis là et j'écris ces lignes.
J'ai changé, je le sens profondément, je suis en train de me reconstruire, et je veux remonter. Je vais remonter.

Il y a un avant et un après mon *burn out* professionnel.

Cette pathologie est la leçon d'une vie, elle a différents niveaux, mais selon ce que nous sommes, elle peut être fatale. Elle est dévastatrice, elle emporte tout, fait tout valser, mais lorsqu'on veut remonter, on sait ce qu'il faut faire. Et on change. C'est violent et tellement dur. Mais on veut changer.
Pas tout, attention.

Je sais parler, alors fini de me rabaisser. Il y a urgence sur le sujet des risques psychosociaux.
J'ai toujours pensé : « Tu vas y arriver ».

Bonne nouvelle ? Mon idéal est toujours le même. Celui de croire en moi, mes valeurs et de les partager.
Vous allez m'entendre partout parce que je ne suis pas la seule.
Cela prendra du temps, mais c'est la voie que je choisis.

Voilà l'héritage que je veux laisser le jour où je partirai définitivement, ce livre, et mon engagement dans un combat que certains ont déjà commencé.

Je ne veux pas participer à la *comedia del arte* qui existe depuis bien trop longtemps, la loi du silence, la langue de bois, la facilité de baisser les bras. Je considère que c'est irresponsable. Dur certes, mais irresponsable à mon sens.

Je n'ai jamais abandonné mon idéal, il m'a porté loin, et j'ai failli tout briser. Je n'abandonnerai plus jamais. PLUS JAMAIS. C'est ce que je suis et je ne changerai jamais.
Ça va être difficile, on va m'ignorer, alors aidez-moi, car vous aussi vous pouvez participer.
Je suis une femme de France âgée de 33 ans, partie de rien.
Je choisis de publier ce livre et de trouver tous les moyens possibles pour sensibiliser le plus de monde. Peut-être vous qui me lisez ?

Je choisis de devenir consultante RH dans la prévention des risques psychosociaux, spécialiste du burn out professionnel, car je le connais de l'intérieur.

Je publie ce livre pour défendre et alerter. Sans relâche.

Je suis libre de le faire, et je choisis de me faire entendre.

Vous allez comprendre ce qu'a été mon burn out à travers le quotidien de ma fonction, le poste idéal pour lequel je me suis battue.

2.
« HOUSTON, ON A UN PROBLÈME »

Comment en suis-je arrivée là ? C'est aujourd'hui que je prends conscience du nombre de signaux qui se sont déclenchés et cumulés durant cette période. Je n'ai pas voulu y accorder d'importance sous couvert de « performance ».

Sauf qu'à un moment donné, au lieu de haies à franchir finalement assez aisément, lorsqu'il s'agit d'un mur plus haut et plus solide que soi, difficile de persister à foncer tête baissée.

Je me suis crue hypocondriaque, n'arrivant pas à comprendre pourquoi mon état de santé se détériorait. J'avais toujours été dynamique, active, énergique, d'humeur relativement égale (je suis une femme quand même), souriante, très expressive ça c'est sûr.

J'ai très souvent été malade pendant mes jours de repos, voire pendant mes vacances. Très frustrant et vraiment rageant. Ces soi-disants jours où j'étais censée me reposer étaient un calvaire, je me faisais la réflexion : « autant aller travailler, là au moins, je suis en forme ! »

Prise de poids et alimentation anarchique

Entre le jour où j'ai débuté ma fonction et le jour où, dévastée, j'ai rencontré mon médecin de famille, j'ai pris plus de 18 kilos. L'entreprise que j'avais quittée pour ce nouveau poste m'avait donné les moyens de rester en forme, sans même le savoir j'imagine, et j'y avais une alimentation équilibrée. Je déjeunais avec mes

collègues, rarement seule, avec ceux de mon service ou d'autres d'ailleurs, dans un restaurant d'entreprise, avec un choix varié de plats. Nous allions même parfois déjeuner dehors. Le temps de pause était un moment de détente et de convivialité qui me permettait de couper. Il y a eu des jours où je n'avais pas le temps, mais même si c'était pour rester 20 minutes ou 15, je rechargeais mes batteries sainement. Débordée souvent, il y avait toujours un collègue, ou ma responsable qui me forçait à prendre une pause : « Moi aussi j'ai un boulot monstre, allez, viens on mangera rapidement ! » et quelquefois, au lieu des 15 minutes, cela se prolongeait pour 30.
Durant ma formation financée par le FONGECIF, j'ai fait un exposé sur « l'alimentation et le bien-être au travail ». Prémonitoire ?
Dans ma nouvelle entreprise, j'ai lutté quasiment tous les jours pour savoir ce que j'allais manger. L'environnement était cher, et le montant des tickets restaurant n'était pas forcément suffisant.
Qu'est-ce qui a pris le pas sur le maintien de mon équilibre alimentaire ? Le peu de temps dont je disposais : je devais réfléchir à mon menu du jour, aller à l'extérieur, faire la queue, revenir… chronophage.
J'ai eu des moments de lucidité, de besoin d'équilibre, de « bonnes résolutions », au lieu d'un sandwich pris à la va-vite devant mon ordinateur, j'allais au Monoprix acheter un plat surgelé, des fruits, une soupe de légumes. Je suis sortie et j'ai mangé seule pour m'aérer l'esprit, me retrouver au calme. Victoire !
Cela n'a jamais duré très longtemps car j'étais aspirée par le mouvement, le rythme collectif.
Je n'étais pas la seule. J'enrageais intérieurement lorsque j'arrivais tôt le matin, et que le personnel de nettoyage n'avait pas encore vidé les poubelles et le superbe amoncellement d'emballages McDo ou Quick.

Fast-Food ? Traduction ? « Restauration rapide ». CQFD. C'était triste. Il y avait des endroits où l'on pouvait composer ses salades fraîches, mais encore une fois, 9 à 10 euros par jour, cela n'était pas adapté pour la catégorie de salariés dont je m'occupais ! (Y compris moi !) Et rien que de voir la file d'attente interminable, cela en décourageait plus d'un !

Je n'avais qu'une envie, mettre en place une politique d'alimentation pour eux, pour moi et les responsables ! Où menions-nous les salariés ?
Moi ? Mon corps était récalcitrant à tenir un tel rythme. Je rentrais tard, je partais tôt, j'étais beaucoup trop épuisée pour dépenser des calories. J'ai essayé, mais toujours pareil, j'ai abandonné. Trop de travail.

Je me rappelle d'une journée, une salariée avait emmené trois d'entre nous dans une galerie avec un restaurant d'entreprise.
Cela peut paraître insignifiant, mais j'ai été si heureuse de ce déjeuner ! L'endroit était plutôt vaste, *cosy*, avec des fauteuils, des plats chauds, nous avions tous pris beaucoup de plaisir.
J'étais excitée ! J'ai tout de suite pensé à aller les interroger, était-il possible d'envisager une intégration de nos salariés ? De négocier un menu type pour le montant de nos tickets-restaurant ? Et pourquoi ne pas s'associer avec d'autres enseignes pour avoir plus de poids si nécessaire ? Travailler avec la médecine du travail ?
J'en ai parlé, mais le directeur en poste était à des années lumières de cette problématique, ce n'était pas le moment, un restaurant d'entreprise ? « trop loin », et puis ils vont en profiter pour prendre tout leur temps… bref, un sujet qui paraissait « secondaire » pour lui et primordial pour moi. Le frein ? J'étais encore nouvelle,

je n'étais que « Gestionnaire RH » depuis peu, période d'essai en cours, je n'avais pas assez de poids, et j'étais déjà bien trop occupée. Proposer un projet demandait de me poser et de me laisser le temps de trouver des solutions. Pour convaincre j'aurais même aligné des chiffres, des graphiques, parlé du gain sur la productivité, de l'efficacité forcément engendrée, il y avait quelque chose à faire, c'était évident !
Mais non, au lieu de cela, carte de fidélité chez Brioche Dorée, Quick, Häagen Dasz même… j'allais souvent chez le Chinois… dont j'affectionne ironiquement une petite anecdote : un jour, un salarié en est revenu horrifié suite à la plainte d'une cliente choquée de retrouver quelques crottes de souris dans sa sauce.

J'ai cru m'évanouir. Je n'y suis pas retournée pendant quelques mois, et puis, par résignation, par manque de solution à ma portée… Advienne que pourra !
Parfois je ne prenais pas le temps de manger. Ayant compté le déplacement, j'allais perdre un temps précieux, je renonçais, j'attendrais plus tard. Me faire livrer ? Et puis quoi encore ? Pourquoi moi seule et pas les autres ? Je me retrouvais souvent à engloutir un paquet de chips, des Mars, des Bounty, café, cappuccino, du sucré pour puiser de l'énergie chez mon meilleur ami, le distributeur !

J'en ai passé des soirées, seule en tête à tête avec lui. J'ai eu le temps de m'assoir devant, et d'imaginer comment modifier ce qu'il y avait à l'intérieur ! On aurait pu choisir des produits plus équilibrés bon sang. Il tombait souvent en panne, et le nombre de pièces de deux euros que j'y ai perdues ! Les salariés lui en faisaient bien baver d'ailleurs avec leurs secousses et leurs coups d'épaule…

Le temps de pause déjeuner n'en était plus un. Dans la salle de repos il y avait une télévision, évidemment nos jeunes salariés étaient enchantés (l'étaient-ils tous ?) mais quel bruit ! C'était animé, mais parfois trop. Je rigolais souvent avec les salariés mais parfois j'en avais par-dessus la tête. « Baissez le son ! Arrêtez de faire du bruit ». Je plaignais les managers dont le bureau était mitoyen et qui tentaient vainement de prendre leur déjeuner au calme, tout en essayant d'avancer sur leurs tâches administratives. Eux aussi avaient besoin de respirer durant leur déjeuner ! Eux aussi réclamaient le silence ! Personne ne réalisait que c'était important et qu'il fallait faire quelque chose ?

Les horaires de pause étaient adaptés à la plage d'ouverture du magasin, mais mon bureau était situé dans un bâtiment mitoyen, à l'étage supérieur. Les salariés venaient me voir quand ils le pouvaient. Je me rendais disponible évidemment, comment faire autrement ? Souvent, j'organisais les entretiens avec eux sans même me poser la question, je déjeunerai plus tard, eux, ils avaient une heure fixe et c'était incompressible. Pour les managers je faisais la même chose, parfois, souvent même, nous étions en symbiose. On discutait en mangeant en même temps, oui, la bouche pleine.
Je travaillais théoriquement du lundi au vendredi. Il y avait donc les salariés prévus uniquement le week-end que je n'aurais jamais vu. C'était inimaginable pour moi ! Où était l'équité ? J'avais de moi-même proposé de travailler un samedi par mois.

Mon bureau et mon téléphone étaient très prisés. Lorsque je mangeais dans la salle de pause avec les salariés, ils avaient toujours une question sur le travail, la fiche de paye, ou besoin d'un renseignement, certains

souhaitaient discuter d'un problème personnel, au sujet d'un manager, faire le point sur les congés.
Un exemple qui m'a marqué ? Le moment critique de la fin du mois lorsqu'ils attendaient leurs tickets restaurant.
Comment leur en vouloir ? Je comprenais. Et je faisais tout pour être dans les délais. Au SMIC, voire moins pour ceux qui étaient à temps partiel, c'était presque vital.

Lorsque les tickets arrivaient avec un ou deux jours de retard (souvent pour une question de traitement de validation), croyez-moi je les entendais ! Les remarques, les soupirs, les « Quand est-ce qu'ils arrivent ? », les allers-retours dans mon bureau, parfois en oubliant de me dire bonjour, et j'avais droit aux mots ou au langage non verbal.

Je voyais les plats cuisinés s'accumuler dans notre petit frigo. Oui j'ai bien dit petit. Un non-sens total quand vous savez qu'il y avait une centaine de salariés. Une solution si nous n'avions pas les ressources financières ? J'avais repéré un réfrigérateur de taille normal dans un autre de nos magasins qui avait un effectif bien moindre. Il aurait juste fallu les échanger !
Au moment de la distribution des tickets restaurant, je m'adaptais aux horaires des autres. Si je déjeunais et qu'un salarié me demandait s'il pouvait les récupérer, j'arrêtais et je les lui donnais. Parfois j'étais agacée, et quelques années plus tard, le sourire pouvait laisser place à un froncement de sourcils, à un rejet sans prendre de gants, ce n'était pas contre eux. C'était l'usure.
On m'a gentiment suggéré de réfléchir à une solution alors que je demandais de l'aide sur ce vampirisme involontaire. Était-ce trop demandé de me donner les

moyens ? Une solution moderne ? Du type envoyer les tickets restaurant et les fiches de paye directement à leur domicile ? On pourrait y réfléchir peut-être, non ? Juste la perspective de se poser la question et de proposer un projet à long terme m'aurait soulagée. Mais non.
J'ai pensé à créer des heures de permanence. Comme si c'était moi qui ne m'organisait pas comme il fallait, comme si j'étais fautive de ce temps que je ne trouvais pas et dont j'espérais qu'il puisse s'étendre ! Cela semblait si « simple » pour ma hiérarchie, « il n'y a qu'à, faut qu'on, il suffit de…» C'était possible dans le cas où tous les salariés avaient les mêmes horaires, du lundi au vendredi. Mais non, les métiers de la vente, et dans ce magasin en particulier, ce n'est pas ça. Est-ce que nous travaillons dans la même entreprise ???

Manger déséquilibré, fast-food, devant l'ordinateur, debout en échangeant sur une problématique sociale, ou organisationnelle, était devenu ma norme. Le peu d'amis qui sont venus déjeuner avec moi me rendaient coupable sans le savoir. Statut cadre certes, gestion autonome du temps de travail, j'en conviens. Foutaises. Comment pouvais-je prendre le temps d'aller au restaurant, les managers croulant sous les urgences commerciales, repoussant quasi quotidiennement leur pause pour cause d'absence, de litiges, provoquant les commentaires de leurs homologues. « Mais pourquoi n'es-tu pas parti à l'heure ? Nous sommes tous décalés maintenant ! ». On me reprochait silencieusement mon statut de bureaucrate RH assise devant son ordinateur. Inutile en plus de leur donner la possibilité de conforter leurs préjugés ! Je comprenais leur réaction.

Une parade naturelle pour gagner du temps ? Ne pas manger, repousser ses limites, manger en rentrant pour les plus « courageux », munis de leur téléphone portable professionnel ou personnel d'ailleurs, appelés au milieu d'une bouchée avide d'un succulent sandwich au thon (ironie ?) pour répondre aux questions, jugées prioritaires par l'appelant. « Je suis en train de déjeuner » « Oui mais c'est urgent ». Je ne parle même pas des N+1 ou +2 qui faisaient comprendre implicitement « j'ai besoin de toi là, maintenant, tout de suite »

Combien de fois ai-je ressenti de l'envie, de la colère, de la culpabilité en me rendant au siège ? A chaque fois. Je n'y suis pas passée très souvent pourtant.

Le restaurant, la cantine, la cafétéria, appelez cela comme vous voulez, c'était le paradis pour moi. L'ambiance de l'échange avec le cuisinier, ou la caissière qui connaissait les salariés, un petit mot, la multitude de choix des desserts, les plats chauds et cuisinés, il y avait souvent des thèmes apparemment.
Je me rappelle d'un thème barbecue, j'étais présente ce jour-là, il faisait beau, il y avait des tables à l'extérieur, un coup de vent faisant valser le parasol protégeant le cuisinier provoquait l'hilarité et la bonne humeur. Les conversations de table, intimes et exutoires à deux, joviales à trois, quatre ou cinq…
La majorité ne réalisait pas le décalage avec la population sur le terrain au même instant. Certains magasins ne possédant même pas de salle de pause ou si petite, au milieu des allées et venues. Une chaise haute, une planche façon bar, un mur comme interlocuteur.

18 kilos. Je me transformais mois après mois, n'arrivant plus à renverser la vapeur malgré quelques rendez-vous avec une diététicienne, ou tentant régime sur régime. Je prenais du poids, je m'acharnais à essayer d'en perdre. Je recevais des coups de poings indirects par des remarques

innocentes, des commentaires. Je défendais les rondeurs, les grosses comme je pouvais.
J'avais des idées pour lutter, remettre l'équilibre alimentaire au goût du jour, sensibiliser : elles sont restées enfouies. Pas le temps, plus le temps.

Trouble musculo-squelettique

Si vous saviez. J'ai eu beaucoup de mal à supporter ces douleurs et pour ceux qui souffrent de cette pathologie, vous savez la douleur ressentie. Elle se nomme névralgie cervico-brachiale.

Je n'avais jamais eu une once de symptômes de ce type avant. Aujourd'hui je les ressens encore.

Un compagnon tant apprécié et tant haï ? Qui pouvait créer ces émotions quasi dignes d'une schizophrène ? Mon ordinateur. En dehors des salariés, c'était avec lui que je passais le plus de temps. Bien plus que la personne avec qui je vivais. Incalculablement plus. Des journées entières, peu de pauses. Pas le temps.
Le premier souvenir marquant est le premier hiver passé avec lui. Il faisait froid, je faisais des heures interminables, j'ai passé des nuits blanches à régulariser, à corriger les anomalies de pointage, dans le froid. Il n'y avait pas de chauffage. Je claquais des dents et je tremblais. Incroyable mais vrai.
Ceux qui passaient dans mon bureau me faisaient la remarque « il fait froid ! ». Oui je sais. J'ai réclamé un chauffage individuel, qui a fini par venir. Trop chaud, j'étouffe, j'éteins, le froid, je rallume, j'ai chaud. « Il fait chaud ici !» Oui je sais. Au départ, je partageais le bureau avec le directeur du magasin, mais il était plus souvent en magasin, sur le terrain, peut-être avait-il

moins conscience de cette aberration. Un clin d'œil à Christian Clavier pour son « Jour » « Nuit » dans *Les Visiteurs*. J'en riais, seule, mais en fait, ce n'était pas drôle du tout.

Au début, je disposais d'un ordinateur fixe, puis quelques temps plus tard, d'un ordinateur portable. Portable ? Génial ! Je vais pouvoir gagner du temps, travailler à la maison et gagner du temps. Je travaillais sur une table, la tête baissée. Aïe ! Encore maintenant. Je sentais régulièrement des douleurs au niveau du cou et de la clavicule. Je pensais qu'il s'agissait d'une mauvaise position devant mon PC.
L'entreprise a dû acheter de nouveaux sièges pour les bureaux suite à une visite de l'Inspection du travail, gratinée, mais dont secrètement je me réjouissais. Enfin ! Du changement ! Un fauteuil tout neuf pour la demoiselle !

Comment cela a débuté ? Par un torticolis fulgurant, le jour de mon anniversaire, six mois après mon entrée dans la société. Génial !
Un mois après, radio du rachis cervical. Au secours. J'ai mal.
Quinze mois après : scanner. Pourquoi ? Névralgies cervico-brachiales à répétition.
J'ai vu un neurochirurgien. J'ai même porté une minerve. Je l'ai toujours d'ailleurs.
Kinésithérapie. Beaucoup de séances. J'en ai loupé plusieurs. Pas le temps, submergée au travail. J'oubliais même d'appeler pour m'excuser. J'ai les images : je suis dans mon bureau et je vois l'heure, « Pars, Pars ». L'heure tournait. « Pfff laisse tomber ».
J'ai vu un ostéopathe, il m'a dit les mots exacts suivants :
– Vous travaillez sur ordinateur ? Beaucoup ?
– Heu, minimum 8 heures, parfois beaucoup plus.

– Faites des pauses régulières, l'ordinateur c'est meurtrier.

Aouch, touchée, le mot est fort quand même. J'ai respecté ces conseils… quelques jours ? Quelques semaines ? Je ne prenais pas le temps. Trop de mails à lire. Trop de travail.

Extraits :
– Arrête de bosser, p… Aude, c'est dimanche, t'es malade, il te faut quoi de plus pour t'arrêter ? C'est dingue ce rythme de fou, ça va te pourrir !!!
– Je bosse encore oui, j'ai eu une crise de ouf avec ma névralgie cet après-midi, on a dû appeler SOS médecins, piqûre de calmant… va falloir que je me fasse suivre grave là, le doc m'a dit que ce n'était absolument pas normal d'en arriver là. J'ai cru que j'allais mourir. Je suis sous cortisone, Miorel depuis quelques jours déjà, d'ailleurs je ne comprends pas la crise, du coup, on verra, je verrai le neurologue pendant mes vacances, d'ici là je vais revoir un médecin pour être sûre d'avoir ce qu'il faut pendant mes vacances, hors de question qu'elles soient gâchées par ça !!!

Il m'en faut plus pour m'arrêter.

Perte de sommeil

Dès mon arrivée, une de mes missions était, entre autres, d'envoyer les informations à la paye pour qu'ils calculent les salaires. J'ai été formée à la va vite. Mais bon, j'ai capté super vite, j'avais travaillé lors d'une précédente expérience avec un logiciel du même genre. Sauf que le précédent était MODERNE.

J'ai été choquée par l'outil d'avant-guerre. Quoi ? Je vais travailler avec ce logiciel ? Pour une centaine de salariés ??? Ayant eu également une expérience de gestionnaire paye, j'imaginais déjà que cela n'allait certainement pas arranger mes affaires du tout. C'était un euphémisme. J'ai cru péter les plombs des centaines de fois. Dès le départ je le savais, je suis allée à un salon Solutions RH pour voir ce qu'il existait, il fallait changer et vite. Me donner les moyens. Je me rappelle une réponse « J'ai vu ça oui, mais ce n'est pas prévu. » Comment ça ce n'est pas prévu ???? On a pensé à la personne derrière là ????

Une chose importante, je devais être opérationnelle immédiatement et les salariés sont payés quand ? Tous les mois. Il fallait bien sortir des bulletins justes, pour moi c'était primordial.

On m'avait dit que la personne précédente avait des lacunes, elle avait d'autres qualités mais ça c'était pas son fort. J'ai juste halluciné sur le nombre de plaintes que j'ai eues dès mon arrivée. Ouh là là, va falloir régulariser ça et vite. Ce n'est pas bon pour le climat ça.

Lors de ma présentation à l'équipe, j'ai été honnête. J'avais entendu dire que la personne que je remplaçais était sympa, beaucoup de salariés n'avaient pas compris ce départ. OK, va falloir gérer le côté intégration en plus. Une petite anecdote ? Beaucoup ont réagi sur le fait que je sois une noire à ce poste, positivement je crois, ils étaient étonnés. Certains m'ont félicité. Ça m'a fait sourire. Je leur ai dit que je ne comptais pas la remplacer. Ils avaient construit un lien avec elle, c'est normal, mais voilà, aujourd'hui c'est moi. Prenez le temps de vous faire votre idée. Moi je savais déjà ma stratégie. Les amadouer grâce à mes compétences. Une paye juste, vous n'aurez plus de problèmes. C'est fou quand même. Mon 19 en paye, mon intérim. Tout allait me servir. Rigueur et Précision.

J'ai appliqué ce que j'ai appris. Feuille du mois en cours, compare avec la précédente pour vérifier la cohérence.
Pour calculer les éléments variables (heures complémentaires, supplémentaires,...) il fallait que les pointages soient bons. Les salariés oubliaient, pointaient trop, il fallait corriger manuellement. Ils remplissaient des feuilles d'oublis de pointage. Pourquoi le calcul des heures supplémentaires ne s'est pas déclenché ? Il fallait alors corriger l'erreur du contrat horaire validé dans le logiciel.
Quand un nouvel employé arrivait, il fallait l'enregistrer sinon comment calculer ?
Feuilles de pointage ok.
Bon, il faut décompter les absences, maladie, congés payés. Tout était sur papier. Imaginez le volume des infos. Ecriture manuelle, il fallait que je déchiffre les feuilles de congés, quoi ? Le nom du salarié est oublié ? Ce n'est pas signé ? Le manager a accordé les vacances ou non ? Le décompte est mauvais, pour les temps partiels le décompte est le même que pour les temps pleins !!!

Je passais mon temps au téléphone pour recueillir les informations.
J'ai paramétré des codes pour faciliter le travail de la paye. Comment est-ce qu'ils font pour savoir si le salarié a plus d'un an d'ancienneté et donc obligation de maintenir le salaire intégralement ?
Ouh là, les heures prises au titre du mandat CE et DP, comment distinguer avec les heures normales ? Comment contrôler les heures prises au titre du crédit, c'est que ça coûte ça à l'entreprise ! Code créé !

Pas d'infos, merde, il est tard, je ne peux pas appeler, utilise le planning. J'avais mal aux yeux, j'ai eu tellement mal aux yeux. J'avais mal à la tête, des maux de tête de plus en plus atroces au fil des mois. Tous les documents à croiser juste pour payer JUSTE, pour le salarié et pour l'entreprise.

Après le calcul des bulletins ? Il faut ? Vérifier ! Normal, on ne sait jamais, les saisies manuelles, surtout dans ce domaine, peuvent avoir fait l'objet d'une défaillance. Allez, ressors tout, et contrôle. Rigueur, Précision.

J'y ai passé des NUITS BLANCHES dès le début.

Vous pensez que le logiciel de pointage était sur le même PC pour envoyer le mail global de toutes les infos ? Non ! Deux PC, juste pour faire le calcul des payes.
Je devais en plus remplir un fichier Excel pour noter les éventuelles régularisations, les avenants, la cotisation mutuelle.
Les primes de transport ? Je recevais les justificatifs manuellement. Je ne remboursais qu'en leur présence, je fais quoi en cas de contrôle URSAFF moi ? J'ai imposé une date limite. Certains salariés oubliaient, m'interpellaient dans les couloirs, sur le terrain, pendant ma pause déjeuner. Parfois, j'arrivais à dire non. Mais je cédais, déjà parce que c'est de l'argent, et en plus ça me ferait une régularisation de moins pour le mois prochain. Attention sois précise, c'est quoi l'adresse ? Pourquoi depuis trois mois c'est une zone 1-2 et là tu me donnes 1-4 ?
Les changements de RIB, les changements d'adresse…
De moins en moins de plaintes, j'avais réussi.

Déclarer les arrêts maladies, obligation légale, c'est important pour le salarié, c'est important pour l'entreprise. Ça a un coût. C'est de l'argent pour le salarié. Est-ce que je recevais un seul arrêt par mois ? Sur l'ensemble des salariés ? Je pense que vous connaissez la réponse.

Je ne parle pas des contrats, des avenants. Je devais les rédiger. J'ai créé des modèles de courrier pour des situations qu'il fallait cadrer pour que ce soit clair.
Une demande Fongecif ? Je connais, ce sera carré. Une demande de DIF ? OK, attention bien répondre avant 30 jours.

Je ne parle pas des dossiers du personnel. Mais quel foutoir. J'ai créé une trame, dessus une check list pour être sûre que tout y était.

Les adhésions mutuelles et prévoyance, vous pouvez me rendre les documents s'il vous plaît ???? Allez à la Poste, bon sang, il fallait que je sorte à l'extérieur, faire la queue. Ah oui avant je devais attendre qu'on me donne de l'argent, je ne pouvais pas me servir seule (logique), il est où le manager ? Il est occupé. Il y avait des étages. Les clients. Je patientais. Je regardais. Les pauvres.

Les bulletins de paye ? Mais pourquoi vous oubliez de les prendre ? Vous en aurez besoin pour le calcul de la retraite, ça se garde toute une vie ! Ok, stratégie. Je le mets avec les tickets restaurant, vous êtes obligés de la récupérer ! Victoire, ça marche !

Les soldes de tout compte des salariés partis ? Un appel, tu peux venir quand ?
Le disciplinaire ? Attention ! Droit du travail !! Mauvaise procédure ? Contentieux. L'entreprise perd

de l'argent, attention à l'image ! Avant de sanctionner, qu'est-ce qui s'est passé ? « A peu près ça, je me rappelle plus » « NON, je ne peux pas entendre ça. Qui ? Quoi ? Comment ? A quelle heure ? Notez ! Je m'en fous ». J'étais exigeante. Hors de question que ça me retombe sur le dos en plus, si il y avait défaillance. Ça avait été le cas avec les personnes précédentes.

Législation du travail ? Respectez les horaires sur le planning !!! Le lundi, mon retour du week-end,…« Où est le planning svp ? » « On ne sait pas. ». Purée, je dois les archiver !!! Je ferais comment pour la paye moi ???

Pourquoi vous planifiez les temps partiels moins que leur durée contractuelle ? Les jours fériés, attention, on doit les respecter, convention collective. J'ai créé un fichier de suivi. Les managers n'avaient pas le temps.
J'ai créé un fichier de planification prévisionnelle des congés. Ils n'avaient pas le temps.
Pas le temps d'accorder des congés ? Ça va pas non ??? Vous vous rendez compte de l'enfer que nous allons vivre pour tout solder d'ici fin mai, avec l'effectif que nous avons, vous savez que ces absents il faudrait peut-être les remplacer ? Combien partent ? Il faut prévoir sinon vous allez courir encore plus. Ah, on a un budget de masse salariale, et une prime dessus, je travaille pas pour rien moi, je leur prenais la tête.

Les évaluations annuelles ? Sur papier. Mon Dieu. Encore de la paperasse. Former les managers, ben oui, un entretien annuel ce n'est pas une promenade de santé. Il y a un impact de folie. Si ça se passe mal, ils vont parler entre eux, et le climat vous y pensez ? Vous courez tous, je sais, chacun fait à sa manière, ce n'est PAS POSSIBLE, les salariés vont vous comparer !!! Il est plus sympa, il est plus juste, il a rien compris à mon boulot, je me suis investi : c'est quoi cette note ??? Vous avez intérêt à être carré sinon vous allez le payer (et moi aussi derrière, en termes de procédure RH). Leur rappeler le calendrier, les aider dans les décisions, à fixer des objectifs SMART, à rédiger, à remettre, à remonter.

Je ne vous parle pas de TOUT ce que je devais archiver dans les dossiers du personnel.
Ah mince, il faut donner les informations à la comptabilité concernant les tickets restaurant. Ah ?

Je présélectionnais pour le recrutement. J'ai créé un process. J'organisais les entretiens. Tu es libre quand ? Ah, il n'est pas là, il est où le planning ? Personne ne sait combien de temps ça prend le recrutement ??? Recevoir les CV, les lire, les étudier, lire les lettres, présélection téléphonique, entretiens physiques. Je participais avec le manager. J'ai participé à l'intégration de gens supers, qui sont encore là.
J'ai rédigé des annonces de qualité, j'ai créé des fiches de poste.

L'intégration des nouveaux ? Process créé ! J'ai rédigé le mail de bienvenue pour professionnaliser l'arrivée, qui était inexistant. Le nouveau connaissait ainsi ses horaires, tous les documents dont j'aurai besoin pour un dossier impeccable et clair. Il avait donc un *a priori* positif de l'entreprise et de son organisation.

Les déclarations d'embauches, le registre du personnel…

Une visite de l'Inspection du Travail ? Tout est là, contrats signés, avenants ? Les plannings ? Dans ce classeur. Les tickets restaurant ? Je passais la commande. La feuille d'émargement est signée. Je n'ai rien volé, tout a été distribué.

Dans le secteur du commerce le *turnover* est élevé au niveau employé. Ce sont des jeunes, des étudiants, il y avait les périodes de forte activité, et les départs alors ? Vous croyez qu'il n'y a rien à faire dans ces cas-là ?

Magasin vitrine, on serait les meilleurs, les plus rigoureux, précis. C'est important, un salarié juge une entreprise en quelques minutes. Un tuteur pour monsieur, un tuteur pour mademoiselle. Allez les managers, c'est votre boulot. Ce n'est pas fini. Tout commence.

J'ai proposé des solutions. Mon domaine c'est la stratégie RH, c'est à ça que je voulais arriver ! Ce serait le magasin pilote, je teste, il faudra déployer sur les autres si ça marche. Pourquoi ? Rien n'avait était mis en place, aucune stratégie de ce type au siège.

Je me demandais : comment on pourrait fidéliser nos vendeurs ici, il y a trop de départs, il y a des potentiels, il ne faut pas qu'ils partent, comment retrouver de telles pépites ?
J'ai proposé de leur faire préparer des diplômes, j'ai recherché des écoles, j'en ai rencontré, le contrat de professionnalisation ! Fais un PowerPoint, explique, argumente !
Vous voyez ? C'est bien ? Oui, non ?

Je passais du temps sur le terrain pour voir les gens, les connaître. Certains m'enviaient, me critiquaient même je le sais. Aaaaaah, miracle ! Elle est dans son bureau ? Et puis c'est la « RH ».

Personne ne comprenait mon boulot. Dans le détail. Mes collègues RH pour le national ? Ils étaient loin, au siège.
On m'a même dit, bien après et suite à mes questions, que mon poste n'avait aucun équivalent sur les autres territoires. Pardon ? Je suis seule ? Je ne peux parler à personne de ce que je vis et leur demander comment ils font ?
Les managers ? Ils sont business. Et puis ils n'ont pas de temps.

J'étais partout. Je faisais de mon mieux.
Mon cerveau était en ébullition. Tout le temps. Le nombre de taxis payés de ma poche. Le nombre de soirées passées à attendre un taxi pour rentrer dormir.

Venir tôt. Terminer tard. C'était mon quotidien. J'étais plus productive. Pourquoi ? Le calme. Le silence. Pas de téléphone. Personne. Moi, mes PC, le distributeur. Demain, recommence. Le travail paye toujours.

J'ai pleuré tout le long de l'écriture de cette partie. Ça ne prend pas du temps ça ? J'ai mal au dos. J'ai l'impression de ressentir les symptômes.

Il m'en faut plus pour m'arrêter.

Perte de mémoire et de concentration

C'est arrivé progressivement. J'oubliais des choses. Je faisais mes to-do listes. Je repartais à la fin de la journée sans avoir fait ce que j'avais prévu.
J'avais de plus en plus de mal à enregistrer, à imprimer. Je devais faire plus d'effort pour réfléchir, on me dérangeait sans cesse. J'en étais où déjà, ah oui,

l'organigramme, il y a des postes vacants, réduction budgétaire, il faut que je vois le directeur, comment on va procéder.
J'arrivais à assurer mes tâches. Je pensais à 1 000 choses à la fois, on me dérangeait TOUT le temps, j'ai essayé de couper le téléphone, on m'envoyait un mail. URGENT. Je sais. Aude, pense au chiffre, c'est notre paye à tous, réponds. Tes résultats, n'oublie pas ton objectif.

L'exemple le plus marquant, environ quatre mois avant que je ne craque, je mélangeais le nom des salariés. Je n'avais jamais eu aucune difficulté jusqu'à présent.
Je ne savais plus qui était qui. J'ai pris un coursier pour un salarié. Je voyais un salarié « Attends, c'est qui lui ? »

J'ai arrêté de venir le samedi, naturellement, il fallait mes deux jours, mais je travaillais chez moi, je réfléchissais chez moi, je dormais de plus en plus mal, je rêvais TOUT LE TEMPS du boulot. Je me réveillais tôt les yeux ouverts. Le cerveau qui turbinait. Va au taf, tu as du boulot, tôt, après c'est trop la jungle tu n'arriveras pas à te concentrer. Je devais faire des efforts.

Il m'en faut plus pour m'arrêter.

Un ulcère ?

J'ai commencé à roter. A avoir des maux d'estomac atroces. Mon Dieu, j'ai un ulcère.
Chaque repas était une souffrance. Après surtout. L'espèce de liquide acide qui vous arrache la gorge. C'était à la limite du supportable. Je ressens encore les symptômes d'ailleurs.

J'ai décidé d'aller voir un gastroentérologue. Palpations sur le ventre.
– Votre estomac semble normal
Je rotais devant lui.
– Pardon.
– Vous êtes stressée ?
– Oui, ça c'est sûr
– Il faut absolument que vous vous détendiez, cela peut s'aggraver.

MDR. LOL.

J'ai pris son traitement mais rien n'y faisait.
Pourquoi les douleurs sont-elles toujours là ??? C'était épuisant. Tant pis. Tu feras avec. Pas le temps d'y retourner. Et puis j'étais épuisée, pas envie d'aller chez un médecin, file d'attente, alors que je veux juste retrouver mon appartement et passer du temps avec mon ami.

Oui ? Il m'en faut plus pour m'arrêter.

Désir de maternité avorté

Soupirs
Allez. Vas-y.
Il était temps. Ma supérieure hiérarchique est rentrée de congé maternité, tu peux y aller. Oui, j'avais planifié.
Je suis allée chez une gynécologue. J'étais de si bonne humeur. Allez, c'est le moment, mon projet à moi, youhou ! Je portais un stérilet. J'oubliais ma pilule tout le temps, donc autant me faciliter la tâche et me libérer l'esprit. J'en avais besoin. J'étais super excitée, joyeuse.
– C'est pour une première grossesse ?
– OUIIIIIIIIIIIIIII !

Palpations.
– Vous êtes sûre que vous n'êtes pas déjà enceinte ?
Bon, là elle se fout de moi. C'est vrai, je ne lui avais pas dit pour le stérilet, mais je viens de lui dire que je VENAIS pour ça !
– Oui, j'en suis sûre.
– Votre utérus est anormalement gros. Vous avez des règles douloureuses, vous saignez en dehors, vous saignez beaucoup ?
– Heu… oui.
– Allez à l'hôpital immédiatement pour faire une échographie.

L'échographe :
– C'est pour une première grossesse ? Vous avez quel âge ?
– 31 ans.

Allongée, le manche. Et le regard. Une fraction de seconde, mais comment dire… langage non verbal, j'ai vu son regard.
J'ai eu peur.
– Il va falloir attendre. Là pour le moment, vous allez aux urgences tout de suite. Il faut qu'on retire votre stérilet, je vais vous prévoir une IRM le plus vite possible.

Le choc.

Vous pensez que je me suis arrêtée là ? Tu parles.
Sans doute ai-je baissé les bras, ou que je me suis dit que de rester focalisée sur mon travail m'aiderait à ne pas penser à ça. Au mois, je réussirai cette partie de ma vie.

Une opération était prévue.

J'avais une stagiaire avec moi, elle resterait six mois. Ça a été ma stratégie mise en place pour anticiper mon départ. Tu vas être opérée, il n'y aura personne, il n'y a pas de poste prévu, on ne veut pas te donner de soutien. J'ai argumenté, je les ai convaincus. (*Soupirs*)
J'ai trouvé une stagiaire incroyable. Je me reconnaissais en elle. Volontaire, décidée, énergique, elle tiendrait la distance.

J'ai envoyé à ma hiérarchie une liste très précise de toutes les tâches qui seraient réparties. Vous voyez là, ce que je fais ? Seule ? Non ?

Une stagiaire est là pour apprendre, donc j'essayais de faire tampon le plus possible pour la préserver. Surtout qu'elle serait seule. Sauf qu'une stagiaire doit être formée. Ça prend du temps. Je l'ai adorée, elle apprenait vite et bien. Bravo ma belle, et merci.

Je devais la préserver de mes défaillances, éviter de dire ce que je pense de l'entreprise.Elle est jeune, elle est là pour apprendre, elle n'a pas à subir ou à porter tous les manques. Evite de critiquer la boîte
Elle a vu. Elle a compris. Elle a vu mes heures. Elle a vu mon investissement. Elle me disait de faire attention. Tu ne sais pas ce que tu m'as apporté. Tu ne sais pas. J'avais quelqu'un avec moi. Elle a tellement compris qu'elle m'a soutenue de façon admirable. Je t'adore. (*Je pleure*). Elle a entendu des choses. Je le sais. Je n'ai pas inventé (si ?).
Merci pour tout.

Vous croyez que j'ai ralenti le rythme ? Que j'ai pu ? Non. Mais je me sentais quand même plus forte grâce à elle. J'avais un peu plus de recul. Je pouvais aller au siège de temps à autre. On a fait de si belles choses ensemble.

Je suis revenue et je n'ai pas eu le temps de respirer. Un des moments les plus importants de ce magasin. Ok. C'est parti. J'avais un rôle (de plus) mais je suis tellement bonne pour ça. Pousser les gens à donner le meilleur, insuffler de l'énergie. J'en ai à foison, je vous en donne, allons-y, on va tout déchirer ensemble. On a besoin de vous.

J'ai proposé des scénarios pour motiver les salariés durant cette période de dingue.
Ah oui, j'y pense, il a fallu appliquer la modulation pendant la fermeture, les travaux. Qui l'a fait avant de partir se faire opérer ? C'est un sujet complexe. J'ai fourni l'outil aux managers. Allez-y.
Bref, revenons-en à la motivation. J'adore ça.
Motivation intrinsèque, motivation extrinsèque. Je suis inventive. Je suis enthousiaste. Les gens qui me connaissent le savent.

Faire la différence ? Faire quelque chose qui marque. (Il faut du temps pour réfléchir à ça).
J'ai fait une chorégraphie, je l'ai pensée, je l'ai travaillée, il fallait qu'il y ait du sens. Faire honneur aux filles, aux femmes dans un secteur assez masculin.
Douze filles. Un de mes meilleurs souvenirs. Merci à vous. Elles sont venues. En dehors de leurs heures (moi aussi mais bon). Entraînement. Je me suis fait engueuler parce qu'on faisait du bruit

– C'est quoi ton nom ? Vous n'allez pas rester ici ?
– Mais ??? On n'a pas d'endroit où aller ! On n'est pas au siège, nous, on a peu de moyens !!!
Quelqu'un m'a défendue. J'ai fait un planning de progression, on s'est éclatées. C'était top. On a assuré. Elles ont assuré.

J'étais épuisée. Si épuisée. J'ai fait une vidéo incroyable, elle a fait le tour de la compagnie, des messages des grands patrons. « C'est moi qui ai fait ça ! Vous voyez ? Je peux faire encore mieux ! Laissez-moi évoluer. »

Je commençais à me sentir à l'étroit. J'avais l'impression d'être HULK (personnage de Marvel mais en fille) sur le point de me métamorphoser, mais non.

Toujours rien ? Toujours rien.
C'est pas grave. Continue. Ça paiera.
Il m'en faut plus pour m'arrêter.

3.

À LA POURSUITE DE L'ENFER

Euphorie, Espoir quand tu nous tiens

Un mois avant que je craque.

« Flûte, je t'ai loupé, je suis encore au taf làààà, j'ai TROP hâte de partir et de couper.
Oui sinon ça va, je suis *on fire*, je suis heureuse et mine de rien, je déchire.
J'ai envoyé un message ce matin à.... et.... , je les ai informés que je postulais, et j'ai eu.... qui m'a dit qu'il attendait mon retour. Je suis sûre de moi maintenant... je n'ai plus de doute et je veux ce poste !!!!!!!
Voilààààààààààà. »

(*Soupirs. Pleurs. Je me traite de tous les noms.*)

L'optimisme aveuglé par ma volonté d'y croire. Aie confiance en toi, en eux, il y a des valeurs dans cette entreprise, tout le monde les porte, tes efforts paieront.

Avant que je craque ça a été tout simplement l'escalade et l'accumulation de l'incompréhension.

Les rafales ? C'étaient les paroles prononcées. « J'ai remarqué que tu étais moins appliquée, regarde sur ce dossier-là tu as fait cette erreur » (coup de poing gauche), pourquoi personne ne comprenait mon rôle (droite), mes notes d'évaluations étaient assenées par des personnes éloignées qui ne voyaient RIEN de mon travail dans le détail (gauche), tous les managers avaient du support (droite), ils étaient ensemble, parlaient de leurs problématiques (gauche), moi j'avais la position business-RH, ni vraiment avec les uns ni avec les autres (droite), j'ai demandé du soutien, on m'a « accordé » des stagiaires (gauche), on m'a fait croire que j'aurais quelqu'un avec moi, je n'ai eu personne (droite), une de mes stagiaires avait fait des erreurs importantes en paye, je ne déléguais plus, je devais faire avec (gauche). Pas de budget ? Pas de stagiaire. Débrouille-toi (droite), les contradictions : « tu dois aller plus sur le terrain », « non ce n'est pas ton rôle » (gauche), c'est qui mon manager ??? (droite)...

La foudre ? Un jour, ma N+1 a envoyé un mail au responsable formation et à moi-même. Réunion demain. Rendez-vous dans mon bureau.
Je suis arrivée, je me rappellerai TOUTE MA VIE les images, je suis arrivée, je voyais la fenêtre, elle était là, elle était habillée de son manteau et d'une écharpe rouge. RESTÉE habillée. (Il y a quelque chose qui cloche).
Je rentre et là, elle nous annonce qu'elle partait. Sur le champ.
Pardon ????
Mais ??? On s'est vu il y a quelques jours, on a prévu que j'apprenne encore de toi, qu'on travaille ensemble. Bien sûr que tout ne va pas bien mais on se débrouille avec les moyens, non ??? J'étais assommée. Je n'ai rien compris.
1 ou 2 heures après, message à toute la boîte.
J'étais seule. Je ne savais pas ce qui allait se passer, qui allait la remplacer.

Le poste est ouvert ?

C'est peut-être ma chance ?
Je savais que je n'étais pas encore tout à fait prête, il me manquait très peu de choses, j'apprendrai avec la personne suivante. Elle arrive quand ?
Rien. Silence. Rumeurs.

J'ai envoyé un message à la hiérarchie, j'ai proposé de reprendre les magasins parisiens. Parcours logique, tu te rappelles, Aude ? Un, et puis la France. Je ne savais pas comment j'y arriverais, mais doucement, patience.

Et puis l'implosion intérieure. Un mois après son départ. On m'avait prévenue. Je n'y croyais pas. Ce n'était pas POSSIBLE. IMPOSSIBLE. Il faut que je vois, ce ne sont que des rumeurs. Le poste n'a même pas été ouvert ! Non je n'y crois PAS.
Et si.
Ce jour-là, PERSONNE AU MONDE ne saura JAMAIS ce que j'ai ressenti.
Le nouveau qui remplaçait ma boss était un gamin.
NON, je rêve.
Il arrivait en tant que Responsable RH France. C'est un cauchemar.
Celui qui lorsque je l'ai rencontré la première fois m'a demandé sans aucune espèce d'intelligence, de maturité professionnelle :
– Tu penses quoi de ta boss ? Franchement elle est nulle.

Pardon ???
On se connaît ? Tu te prends pour qui ? Tu crois que je vais te répondre quoi ? C'est une blague. Si j'ai des choses à lui dire, c'est à elle que j'en parle, je n'ai pas à la démolir devant quelqu'un que je ne connais même pas.
Il faisait beaucoup de bruit. BEAUCOUP de bruit.

C'était lui.
Quand il est arrivé devant moi, il était fier.
J'étais à genoux (dans ma tête).
Tout a volé en éclat.
Ce serait lui mon référent ? Celui qui me fixerait mes objectifs ? Celui qui m'évaluerait, Celui qu'on verrait le plus ?
Ce n'est PAS POSSIBLE.
J'avais quémandé de prendre les magasins parisiens et lui, il a tout ?
Mais qu'a-t-il fait ??? Qu'a-t-il fait ??????
Pourquoi ? Quels sont les critères. Au secours. Une réponse. Je vais crever.

(Seigneur, je pleure encore. Ça fait trop mal de repenser à tout ça.)

C'était un costume beaucoup trop grand. Vous êtes malades. Si ma boss précédente était partie du jour au lendemain, COMMENT pouvait-il être meilleur ? Vous ne connaissez pas ce boulot, c'est pas possible.
Il allait se planter c'était certain.
Tellement le savait dans l'entreprise.
JE le savais.

Extrait :
« Je viens de voir l'annonce... Mais tu sais quoi ? On ne peut cacher sa vraie personnalité et ses compétences (non ?!) que pendant un certain moment. Patience... je pense sincèrement que ce poste est trop gros pour lui, enfin, bref, toi tu sais ce que tu vaux, toi tu n'es pas entrée ici par piston, tu n'as pas eu de promotion en faisant le boloss, tu as plus de dignité que ça et tu seras récompensée en bonne et due forme »

(Je pleure je n'en peux plus, j'ai mal à la tête.)

Récompensée ?

Je n'ai pas compris, je ne comprenais plus rien. J'ai appelé, j'ai dit. Je ne comprends pas. Je me rappelle être restée seule un soir, j'essayais de comprendre. EXPLIQUEZ-MOI VOTRE DÉCISION. J'ai réclamé, vous me devez ça.

Entretien. Direction RH France et Europe. Je suis seule face à eux.
– On a décidé et accepté d'étendre tes responsabilités aux magasins parisiens. (Décidé ?? Mais c'est MOI qui ai quémandé ces miettes !!).
– Il faut que tu sois plus visible.

Ils ont acheté ma paix sociale. Avais-je le choix ?

Mon Dieu, Plus visible ??? Avec tout ce que je fais je dois encore faire ça en plus ?

J'ai compris la traduction. Plus « politique ».

Menteurs, je n'ai plus confiance en vous

A partir de là, j'ai douté. J'ai commencé à être de plus en plus méfiante vis-à vis de la hiérarchie. On m'a dit tellement de choses (« bravo, excellent travail, tu es enthousiaste, tu veux faire quoi ? » – Vous le savez très bien…). J'ai douté de moi-même. Je me suis comparée à lui. Je ne comprenais pas. Je ne comprendrai jamais. J'ai refait mon CV, j'ai voulu changer de boulot, j'ai eu des entretiens à l'extérieur. J'ai proposé de changer de domaine de compétence (idiote). Il faisait tellement de conneries. Il était arrogant, vaniteux, ambitieux, c'est vrai. Il n'était pas à sa place. Il y a eu des soupçons, des

remontées. Vous savez ce qu'il m'a dit un jour alors qu'on fumait au siège ?
– J'en ai ma claque, je me barre.
Il était fatigué. Je le plaignais presque. Normal, ce poste était énorme.
Il n'était pas performant, pas assez, il s'est défilé, il a rejeté la faute sur les autres parfois, s'est attribué des résultats, les idées des autres et fanfaronnait, il avait plein de privilèges. Moi je n'avais RIEN. « Tu ne fais pas partie de l'équipe du siège »... (gauche-droite-gauche-droite).
C'est sûr, il faisait BEAUCOUP de bruit, ça je le reconnais, c'était impressionnant, il était soutenu par certains. Qui regardait dans le détail ? Qui s'en souciait ?

– Si tu veux le poste, il sera libre dans quelques mois, six maximum, je m'ennuie, et j'ai d'autres opportunités.
J'étais éberluée par tant d'aplomb (ou d'inconscience). Il se foutait des dommages collatéraux.
J'ai cru que j'étais une merde, une MERDE. Rien. Parcours de merde, idiote. Tu n'as RIEN COMPRIS. Bouffonne.
Il n'y avait plus aucun sens.
Plus aucun.
Je ne croyais plus en moi. Comment aurais-je pu me dire que je méritais quoi que ce soit ?

Souvenir du jour où je suis allée voir le premier médecin dans ma ville :
– Ça y est, je craque. Incapable d'aller au taf ce matin. Cela fait des semaines que je suis mal (je mentais, je minimisais, des MOIS), je vais voir un médecin tout à l'heure, je n'arrive pas à croire que je suis arrivée au point de me sentir comme une merde et de détester ce que je fais mais c'est le cas et je suis à bout.

Il est parti au bout d'à peine 10 mois. Moins.

Il était odieux parfois. A un poste pareil ! J'hallucinais. Et moi je continuais à défendre la hiérarchie que lui-même méprisait.
C'était une aberration.

Personne en haut n'a assumé. Celui qui a pris la décision de le nommer n'a rien dit. Démerdez-vous. Ils ont camouflé leur connerie. Je préfère même pas révéler comment. Je le garde pour moi. C'est fait.
Rien expliqué. Ah si. Voilà comment on va répartir les tâches.
Heu… c'est que je suis *OVER*, là.
Est-ce que j'ai arrêté pour autant ? Non. Pourquoi ? Je me suis dit c'était le moment. C'est fini. Il n'y a plus AUCUNE RAISON.
J'avais retenu le « il faut que tu sois plus visible » – plus « politique » donc.
Contre nature pour moi, ce n'est pas moi, ceux qui me connaissent le savent. Tant pis. Je ne sais pas faire. Cela prend du temps d'agir ainsi. Cela prend de l'énergie. J'apprendrai. Fonce, ne doute plus. J'ai douté, je suis allée au-delà.

Continue tout ce que tu fais déjà et assure tout le reste. Il y avait un projet colossal. COLOSSAL. Implanter un nouveau système de pointage, une solution informatique pour calculer les salaires, transmettre les infos par interface.

Vous savez comment il est arrivé ce logiciel ?
Parce que celui que j'utilisais a planté. Nous étions les seuls à l'avoir. J'étais la seule à travailler avec. Ma stagiaire de l'époque m'a appelé paniquée et m'a annoncé la nouvelle. J'étais en RTT je crois.

Mon Dieu. Comment on va calculer les paies ?

La société prestataire n'existait plus. Dépôt de bilan. L'enfer. Je suis en enfer. On a dû calculer à la main, ça a été horrible, horrible. Heureusement que j'avais ma stagiaire à ce moment-là. Au final, ils ont réussi à remettre le système en route.
Vous comprenez maintenant ??? Il faut CHANGER, M....

Quand j'ai entendu ce projet, j'étais tellement heureuse. En plus un projet, améliorer les outils, stratégie RH, youhou ! J'avais répondu avec la responsable paye à un questionnaire de dingue pour le paramétrage des règles légales françaises. Je connaissais. J'attendais ça depuis mon arrivée. Nous étions trois, le magasin devait être pilote avant le déploiement. Le responsable RH, le gamin nommé, devait participer et travailler également sur ce projet mais il ne faisait déjà plus partie de la société. On commençait à peine à le lancer.

Je me suis retrouvée seule. La responsable paye a craqué, elle a démissionné.

Comment ai-je trouvé l'énergie pour continuer ?

J'ai inventé la stratégie de mon journal du positif.

Exemple ?
Date du jour :
La formation sur le logiciel m'aide à y voir plus clair.
J'ai déjeuné seule à l'extérieur.
J'ai pu parler à.... de mes doutes.
J'ai discuté avec.... qui m'a vraiment permis de prendre du recul et qui m'a dit que j'avais de la valeur.
.... m'a dit que j'étais compétente et pleine d'énergie, il

m'a parlé d'un super projet qu'il a en opportunité.
... et ... ont validé un candidat pour le poste....
J'ai rangé les éléments nécessaires pour clôturer la paye et ça va m'aider.
Je me sens positive et je n'ai pas peur de rencontrer la Direction RH Europe.
.... m'a envoyé un SMS pour me dire que je devais être forte et savoir ce que je vaux, qu'elle vivait la même chose.
J'ai dit à mon ami que je me concentrerai sur le positif, il était heureux de me voir ainsi, il m'a dit qu'il était fier de moi et qu'il m'aimait.
Coup de fil de .... et SMS de....

Tous les jours. Je le faisais tous les soirs. Voilà comment j'ai tenu. Voilà comment je me suis sentie pousser des ailes malgré quelques claques par ci par là. Ne retiens QUE le positif. Parfois il n'y avait qu'une ligne.

Le poste était ouvert depuis son départ, mais ils ne trouvaient personne. Je n'ai pas postulé tout de suite. Honnêtement, j'ai tellement douté de moi-même, je me croyais tellement minable, je croyais que j'en étais pas capable. J'avais peur d'essuyer un refus. NON. Ça aurait été trop. J'ai tenu ce journal après son départ, il n'y avait toujours personne après quelques mois, j'avais retrouvé de l'énergie, je travaillais « à fond les ballons » et j'obtenais des résultats.

Exemple ?
La visite de la Direction Europe dont je parle dans mon journal du positif.
J'ai encore le powerpoint qu'une stagiaire avait heureusement fait pour moi (pas le temps).
Grâce à ce journal, j'étais devenue plus sûre de moi.
Je devais rencontrer ce responsable RH Europe, il ne

passe quasi jamais, je devais être « visible ». Prends les devants. Ne te pose pas de question.
J'ai présenté ce que j'avais fait depuis le départ de celui qu'il avait nommé et qui avait échoué.
J'ai dit à quel point ce poste était mon objectif, et qu'il devait compter sur ma *success story*.
Vous vous rappelez ? Moi je me rappelle.

Vous savez ce qui s'est passé lors de cet entretien ? Je devais le voir une heure initialement.
Il était juste avant avec la responsable magasin France, je n'ai eu que 20 minutes.
Et pendant que j'attendais, la Direction RH France m'a demandé d'imprimer un CV qu'elle avait envoyé sur MA boîte mail. Un CV ?

– Il a un entretien avec elle pour le poste, il faut absolument qu'il soit à l'heure. (*uppercut* ?)

J'ai été choquée. Choquée. J'allais dépenser toute mon énergie à les convaincre que je pouvais avoir ce poste et on me demande ça. (aaaaah d'accord, c'est pour ça qu'il m'a dit « il faut absolument que je parte à l'heure »).
20 minutes pendant lesquelles je devais être percutante (idiote, idiote, idiote). J'ai fait ce que j'ai pu.
A-t-il seulement écouté ce que j'ai dit ? Retenu certains points ? Je lui ai donné un exemplaire de mon rapport, je crois. Sans doute à la poubelle. A la fin ? J'ai pleuré dans mon bureau. Seule. Epuisée.

J'ai continué mon journal. C'est pas grave, Aude. Accroche-toi.

Oui, il en faut plus pour m'arrêter.

Ce serait une candidate externe. Aucune chance contre mes compétences, mon expérience, mes connaissances, mon envie, ma motivation, le sens de ma candidature.

Alors j'ai dit oui à tout. Conf call en anglais avec tous les grands pontes ? J'en suis. Travailler sur les potentiels et les prévisions, je serai visible par tous les directeurs et au siège ? Go !
On m'avait ajouté à la conf call des responsables RH des territoires car il n'y plus personne. Toujours personne.
On ne m'a rien demandé. C'est venu comme ça. Pour moi c'était un signe. J'y participais, en anglais, je faisais de mon mieux, j'étais partout.
J'allais au siège une fois par semaine.
Je dormais de moins en moins, je mangeais n'importe comment. Plus visible. Plus visible. Plus visible. Je vais y arriver. Aude, droit devant !

Réunion de tous les Responsables RH, aux Etats-Unis, en même temps que les Directeurs, annoncée durant ces conférences téléphoniques. Le Graal.
Je serai avec vous ! ENFIN, on va y arriver, tous ensemble !!! On va déchirer ! Je suis tellement motivée !
J'y suis arrivée !!!

Je suis pathétique

Les billets d'avion seraient envoyés avant mon absence car je devais me faire opérer de nouveau à la fin du mois. Cette opération je m'en FOUTAIS. J'étais dégoutée d'y aller. Je n'avais qu'une idée en tête, négocier l'arrêt le plus court possible. Trois jours max. Je serai de retour à temps pour aller à cette convention managers et RH.
Retour de week-end. Pas de billet d'avion à mon intention.

J'ai appelé mes collègues des autres territoires.
– Si, nous on l'a. Tu as peut-être oublié de remplir le mail ?
– Quel mail ?

Ah ? J'ai immédiatement envoyé des mails en disant que j'avais mon passeport biométrique, donc que cela ne prendrait pas de temps si on m'avait oublié dans la mailing liste.

– Demande à ta hiérarchie.
J'ai appelé. J'ai fait l'effort.
Pas de réponse.

J'avais rendez-vous chez l'anesthésiste. Je l'avais noté sur mon agenda.
J'ai reçu un mail pendant ce créneau-là. Je me demande si c'était pour m'éviter.

« Je suis désolée Aude, mais tu n'es pas prévue sur cet événement, nous avons des restrictions budgétaires, l'événement est prévu pour ceux qui ont le titre. »

Burned out.

(*Très très difficile d'écrire à travers mes pleurs.*)

J'ai relu le mail, relu, relu, relu.

J'ai envoyé un message à la DRH France.
« J'ai compris. Je sais maintenant que je n'ai pas d'avenir. OK. C'est dit. On se voit demain, il faut que je te parle »

J'allais donner ma démission. C'était fini. STOP. Trop. Sur le champ. Je pars immédiatement, sinon si je dois rester ce sera rupture conventionnelle. Non négociable.

La veille de mon opération, je suis au siège.
Le nouveau logiciel était en place depuis un mois. J'y ai participé. J'ai assuré. On me l'a dit. C'est la deuxième paye, j'ai accompli un travail de TITAN.

J'ai répondu à un mail ce jour-là.
« Aude, puisque tu as travaillé sur ce logiciel, peux-tu nous donner tes préconisations, tes observations ? »

J'y ai passé des nuits. Pas de problème. Quelqu'un m'a dit :
– Mais qu'est-ce que tu fais là ? Tu devrais être chez toi, tu vas pas à l'hosto demain ?
– Si. Mais je ne suis pas comme ça, je dois finir, c'est la fin du mois, ce logiciel nous rend dingues et je suis professionnelle et puis je vais donner ma démission, vous le savez pas, mais là je n'en peux plus.

J'ai envoyé mes préconisations. Dans l'après-midi.

J'attends toujours cet entretien. La direction France ne m'a pas accordé 5 mn. Pas 5 mn.

Je suis partie du siège en fin de journée et il y avait encore du travail.
J'ai reçu un coup de téléphone vers 19h, je n'ai pas répondu. Message : « *Je suis désolée, gros dossiers, pas eu le temps, je sais que tu es déçue pour les Etats-Unis.*»
Non tu ne l'es pas, désolée. Non tu ne sais pas. 5 mn. Même 5 mn. Je voulais partir en expliquant POURQUOI, la tête haute après tout ce que j'ai traversé. Je n'ai même pas pu le DIRE. On a été face à face, les yeux dans les yeux. Tu m'as demandé :

– Comment fais-tu pour être toujours positive ?

J'avais créé une chorégraphie dont tu avais besoin, à présenter en Asie, c'est ça ? On a parlé, JE t'ai parlé. Il y avait de la fatigue, de la colère, de la démotivation. Plusieurs fois.
J'ai répondu à ta question ce jour-là. Je me suis même confiée. Je t'ai défendue, je te faisais confiance.

« Je suis désolée » ?

Trop tard.

Ils en avaient rien à foutre de tout ce que j'avais fait. Depuis le début. C'était limpide. Une évidence. Même pas 5 mn. Je n'ai pas eu de message pour mon opération demain, je les avais pourtant prévenus.

J'étais en larmes.

(*Je suis en larmes.*)

Je suis rentrée dans un état épouvantable.
Mon ami m'a portée.

J'ai fini mon travail. Ce jour-là, au siège, autour d'un café, une personne a insisté :
– Ce n'est pas possible. Pourquoi vous ne le dites pas à.... ?
Nous étions plusieurs à parler. Pourquoi ? Parce que j'avais confiance, j'ai cru, je soutenais. Il n'y avait plus aucun sens. Encore faire l'effort de parler, d'expliquer, en anglais en plus. Je n'ai plus l'énergie.

J'ai fini mon travail et je savais ce que j'allais faire, donc autant laisser un dernier message.

Mail envoyé quelques heures avant mon opération à la direction (*j'ai beaucoup de mal à avaler ma salive*), en anglais parce que le Président pour la France est anglophone. Je vous le traduis :

« Bonjour …
J'ai beaucoup réfléchi avant de t'envoyer cet email, je sais que tu es très occupé mais je n'ai pas le choix, sinon j'aurais des regrets.

Je vais te parler de mon cas, mais tu peux être sûr que d'autres sont concernés dans l'équipe RH.
J'avais les noms en tête, je n'ai rien noté.
Je suis profondément marquée, déçue, épuisée et je peux aussi dire choquée par les décisions, les comportements managériaux auxquels j'ai été confrontée depuis des mois, je n'ai pas de relations, je suis une fille qui s'est construite à partir d'un job à temps partiel et qui a avancé par la force de son travail, de son implication et de son énergie pour construire son futur.
C'est-ce que je suis.
Il est presque 21h [*en fait il était 22h*] et j'ai une opération chirurgicale.

…. était au courant. Je lui ai dit que c'était important que je lui parle, avant de partir. Elle n'a même pas pris 5 mn.
Je n'ai eu aucune nouvelle de….
Sois sûr que ce mail n'est pas pour montrer qu'elles n'ont pas de capacités, mais seulement pour dire les conséquences sur les gens, en particulier ceux qui veulent aider, ceux qui sont positifs, qui veulent trouver des solutions et ne pas être un problème.

Il y a tellement de choses à dire mais je n'ai pas le temps.

Je dois finir de clôturer les payes.

Tu sais pourquoi ? Parce que si je ne le fais pas, il y aura de gros soucis et je ne veux pas.

[…]

Je pourrais me plaindre de ça, mais ce n'est pas le cas, concernant tous ces mois, toutes ces années, toute l'énergie dépensée, comment j'ai travaillé si durement pour apporter mon support et avoir une chance d'être reconnue pour ça.

Il y a tant de choses à faire pour remercier ou encourager les gens.

Merci de m'avoir lue. »

Je devais finir mon travail.

J'ai reçu une réponse 10 minutes plus tard

« Aude, je suis désolé d'entendre les problèmes que tu soulèves. Bien sûr, j'ai besoin de comprendre tous les aspects de l'histoire, mais tu peux être sûre que je souhaite te rencontrer, avoir une discussion ouverte, et entendre ton point de vue sur ce qui s'est passé.
J'espère que tout se passera bien pour toi et dès que tu reviens travailler, je voudrais qu'on parle.

Bonne chance pour ton opération. »

Trop tard.

J'ai terminé ce que j'avais à faire. Je n'avais RIEN à me reprocher. De toutes ces années passées, RIEN. Ils

pourraient chercher. Moi j'ai tout gardé. TOUT.
J'ai fini et j'ai fermé l'ordinateur.

Quelques heures après, douche avec la Bétadine, je me suis habillée, j'étais avec mon ami. On était sur le point de partir pour l'hôpital.

15 cachets de Seresta avalés d'un coup.

En route pour l'anesthésie générale. Je ne voulais pas me réveiller pour affronter quoi que ce soit. Mourir. En finir. J'étais allée au bout de moi-même.

J'ai fait semblant pendant tout le chemin. Dans la chambre, on allait venir me chercher, mon ami et moi on a parlé.

J'étais ailleurs. Je répondais mécaniquement, j'étais *stone*.

Il a parlé de sa mère. Elle était morte d'un cancer quelques mois avant. Cela faisait plus de onze ans qu'on vivait ensemble.
Cerveau en ébullition.
Dommages collatéraux.
Merde. Je ne peux pas lui faire ça. Affronte.

On est venu me chercher, on m'emmenait au bloc.
– Il faut que j'aille aux toilettes !!! Viiiiite !!!

J'ai menti.
J'ai vomi.
Mon Dieu.
Mon Dieu.

Je n'avais pas mes lunettes, je voyais flou, crise de panique. Tu étais là. Personne ne savait. Personne.
Tu n'as pas compris pourquoi je faisais cette crise.

J'étais sur le brancard.
– Viens !! Il faut que tu m'accompagnes !!!
J'étais extrêmement mal.
– T'inquiète pas, ça va bien se passer. Je suis là.
Il était devant la porte du bloc, elles se sont refermées sur lui.

Il faut que je me réveille, Il faut que je me réveille, Il faut que je me réveille… Notre Père qui êtes aux cieux, que ton nom…

Je me suis réveillée.

4.

PHÉNIX, RENAIS DE TES CENDRES

En tête à tête avec moi-même

SMS reçu un mois après. Je suis en arrêt, je suis à la maison. Reçu en anglais, je vous le traduis :
« [...] J'espère que les choses vont mieux maintenant. Si tu veux, je peux t'organiser une conversation avec les responsables de la cellule salariés. Je te souhaite le meilleur.
PS : pour le poste de Responsable RH France tu es toujours sur la liste. »

PARDON ??? QUOI ???

« Post scriptum ?????? »
Comment expliquer à ces interlocuteurs de la « cellule salariés », qui ne sont même pas en France et ne parlent qu'anglais, comment leur raconter toute l'histoire ? Dans l'état où j'étais ? Et en quoi m'aideraient-ils maintenant ?

Je suis toujours sur la liste ???
Vous voulez m'humilier encore plus ? Vous n'avez toujours pas trouvé de candidat et je suis la poubelle ? C'est ça ?

P.... VOUS NE M'AVEZ JAMAIS ÉCOUTÉ. JAMAIS. JAMAIS. JAMAIS.

Je suis censée répondre là ? Répondre quoi ? « Super ! Merci de penser à moi ! C'est génial ! Je reviens demain ! » Je vous ai donné des solutions, j'ai cherché toutes les issues, je vous ai parlé de mes difficultés, du soutien dont j'avais besoin.

JE N'EN PEUX PLUS. LAISSEZ-MOI TRANQUILLE. LAISSEZ-MOI EN PAIX. JE SUIS EN MIETTES. PLUS JAMAIS JE N'ARRIVERAI À ÊTRE MOI-MÊME. VOUS M'AVEZ TOUT PRIS. LAISSEZ- MOI.

(*J'ai si mal à la tête en écrivant tout ça.*)

Et un mois après en plus ? C'est quoi ? Un p… de process à la con à respecter en cas d'arrêt maladie de plus de 30 jours ??

ALLEZ VOUS FAIRE FOUTRE.

J'ai vomi, j'ai vomi, j'ai vomi.

Message envoyé à un collègue manager :
« Hope u feel good. L'anglais ne doit plus avoir de secret pour toi maintenant.
Je t'écris puisqu'au final, à part avec mes amis, mes sœurs, et mon ami en qui j'ai vraiment confiance je n'arrive pas à exprimer ce que je ressens que par ce biais.
Pour être donc très honnête avec toi "ça va" n'est pas forcément la stricte vérité.
Je vais bien parce que je suis entourée et que je m'occupe de ma santé, c'est vrai, mais en réalité personne ne sait à quel point je suis affectée par la partie pro, pour laquelle j'ai tellement, tellement donné.
J'ai une boule dans la gorge.

Recevoir un trophée ? Je m'en fiche de ça, je voulais juste être là, je le méritais, alors je me pose cette éternelle question : "pourquoi ? Trop noire ? Trop grosse ? Pas assez de résultats en fait ? Qu'aurais-je dû faire de plus ? "
Tant de gifles reçues.
Je me dis juste que durant toutes ces années, toutes ces heures, toutes ces nuits blanches, toute cette énergie que j'ai donnée pour aider et faire réussir les autres et la boîte du mieux que je pouvais, je n'ai pas eu la moindre reconnaissance sur mes résultats. Ma motivation c'était que j'allais y arriver.
Très souvent, je ressentais la solitude de ma fonction, et j'ai eu beau passer outre, être investie et montrer ce que je valais, une fois de plus la porte m'a été claquée au nez.
Ça a bougé pour les autres, jamais pour moi.
Je me sens humiliée au plus haut point. Mon ego a pris un *uppercut*. Et mon Dieu comme je me sens fatiguée mentalement ! J'ai l'impression que tout retombe d'un coup.
Alors, je sers les dents et ça passera avec le temps. Mais je ne veux plus jamais ressentir ça. Plus jamais.
Dans la vie tout le monde mérite de réussir, on parle d'égalité des chances. Pfffff.
Voilà la vraie réponse à ta question.

Je fais tout ce que je peux pour voir les choses positivement. Mais que c'est dur. »

(*Pleurs.*)

Avant toute chose, Dr. B., vous m'avez sauvé la vie en comprenant immédiatement. Vous me connaissez, et vous avez entendu. Je ne vous avais pas tout dit le jour où on s'est vu. Vous m'avez orienté vers M. S., qui m'a aussi sauvé la vie. Vous êtes mes béquilles pour que je remonte.

Le jour où j'ai révélé ma tentative de suicide à ma psy a été une journée très éprouvante.

J'avais rendez-vous à 17h30. J'attendais mon train sur le quai. J'étais mal. Je faisais les cent pas. Je ne faisais jamais ça avant. Je marche tout le temps. Je reste dans ma bulle, je réfléchis.
Deux trains supprimés. C'est pas vrai.
J'avais tellement besoin de parler. Je n'ai pas pu le faire durant toutes ces années. Si peu. Les managers ne comprenaient pas ma fonction, les autres étaient loin. Quand je les voyais, je parlais… ça me soulageait mais il y avait tellement de choses à dire.

J'envoie un SMS : Je vais avoir 20 mn de retard.
(Au secours, 20 mn de moins pour PARLER).

Ce n'était pas le jour où il fallait que ça m'arrive !
Place assise, il y a du monde. Ils rentrent du travail eux.
Et toi ? Tu n'es qu'une merde, regarde-toi.
J'ai chaud, il fait froid pourtant.
La gorge, la boule dans la gorge que j'ai tous les jours.
Il y a du monde, je suffoque.
Regarde-toi, tu es lamentable. Tu as échoué. Il y en a qui y sont encore. Tu es minable, minable, minable, une loque, tu ne mérites RIEN.
Arrivée, encore plus de monde. Je paniquais.
J'ai couru.
Il faut que je parle, pitié, laissez-moi passer, je suis nulle je sais, vous réussissez, vous, laissez-moi passer !!!
J'ai couru comme une dératée.

Quand je suis arrivée, je me suis effondrée en larmes.
« Je ne m'en remettrais JAMAIS, JAMAIS, vous entendez ??? »

J'ai tellement de livres sur les RH et le management. Je me documente beaucoup. Je n'avais plus le temps de lire, j'ai du temps là.

Cherche pourquoi tu as merdé, pauvre idiote. Cherche. Mon cerveau est en feu.

Ma psy et mon médecin m'ont dit d'arrêter immédiatement.

C'est de ma faute, vous ne comprenez pas ?

Oui, je crois en l'Homme et en ses capacités, à ce qu'il est capable d'accomplir quand il y a un déclic. Nous l'avons fait. Je l'ai fait.
Je crois à la somme des individualités pour atteindre un objectif. Ensemble on va plus haut, non ? On produit plus, non ?
Parfois il suffit de pas grand chose.
Il est évident pour moi qu'on ne peut pas atteindre la perfection, mais se remettre en question pour faire de son mieux, ah ça oui, j'y crois.
On tente, ça ne marche pas, bon. Mes choix je les ai tous faits avec cette manière de penser. Est-ce que j'ai eu les choses facilement ? Non. (Jamais ?). Est-ce que ça a été facile tous les jours ? Non. (Jamais ?). La preuve. Est-ce que j'ai fait des erreurs ? Bien sûr que oui. Mais je ne baissais pas les bras.
C'est fou ce que je me suis infligée, les ressources que je suis allée chercher, les stratégies que j'ai développées. Au fond, au fond. A bout de forces.

Le terme *burn out* est juste. Brulée. Calcinée.
D'ailleurs en écrivant ce titre… Phénix… je n'avais pas fait le rapprochement. Ah oui. Brûler, se consumer, être réduite en cendres.

Moi, je dis brisée.

Et puis j'avais fait une promesse. A ma mère d'abord et à la mort de mon grand -père.
Les femmes de la famille dans la salle mortuaire, j'étais en larmes. Je suis restée quelques minutes, je suis partie la dernière. Un baiser sur le front glacial (*difficile d'oublier ça*) et dans ma tête « Merci Papi, merci d'avoir fait tout ce que tu as fait pour nous, je te jure que je ferai tout ce qui est en mon pouvoir pour que tu sois fier de moi ».

Oui, j'ai tout donné. Oui, je croyais que le travail paierait, portée par mes valeurs.

J'affronte maintenant la culpabilité d'avoir craqué, le silence après toutes ces années de rythme infernal. Le vide. Repos forcé.
Je cherche encore à comprendre ce que j'ai fait de mauvais, moi, pas les patrons, moi. C'est moi qui ai merdé, c'est sûr.
J'ai des moments d'absence, je suis pensive, je fais les cent pas. Je suis épuisée. Tout me fatigue. Mon corps est meurtri. 33 ans.
Est-ce que je peux réparer ?
Pourquoi n'ai-je pas écouté ?
Parmi mon entourage, les gens sont épuisés, je suis sûre qu'il y a des niveaux de burn out. Moi j'en suis arrivée au stade grave.
Je voulais mourir.

Un ami m'a dit « je fais comme toi » (oui, on n'a pas le même parcours, tu as certaines choses qui peuvent t'aider, mais tu ne peux pas lâcher. Je sais, c'est dur).
Un autre « j'ai toujours dit que je ferai un burn out un jour » (non mais, attends, un burn out c'est GRAVE, ça

peut aller très loin !!! TROP loin. Tu es malade de dire ça !).

Moi je suis en train d'en affronter les ravages. Je suis marquée à vie.
J'ai perdu trop. Ça ne vaut pas la peine (j'ai des pointes au cœur).
J'ai été stupide.
Je regrette.
Je pleure. Tout le temps.
J'ai honte de ne pas avoir tenu. Je m'en veux. J'ai croisé depuis deux ou trois salariés, ça a été ATROCE. J'avais envie de m'enfoncer sous la terre.
Une dont le visage me disait quelque chose, impossible de me rappeler son prénom, je lui ai raconté n'importe quoi.

Lamentable. Tu es lamentable.

Yoga

Au fur et à mesure, grignotée par la charge de travail et l'enjeu de la performance, je ne faisais quasiment plus rien pour moi. J'ai laissé tomber des choses qui me faisaient du bien, me faisaient souffler.
Le théâtre par exemple, je m'étais inscrite.

Souvenir
« Pourquoi tu viens plus au théâtre, pourquoi on te voit plus, pourquoi on n'a pas de tes nouvelles ? »

Je venais de plus en plus en retard, je loupais les cours.
J'ai abandonné.
J'ai essayé de courir. Entre mon poids et la fatigue j'ai laissé tomber.

Faire de la marche, j'ai abandonné.
J'ai toujours été très sportive et active. Mon sport favori ? Le volley ball.
Allez ça, ça ne peut QUE te motiver. J'étais excitée.
J'ai tenu quoi, trois mois ? J'avais pourtant enregistré sur mon agenda professionnel :
« Lundi 19h, hebdomadaire, je ne suis pas disponible. » (*Tu parles*).
Trop de travail.

Le yoga est une activité qui m'a toujours secrètement attirée, ou plutôt interpellée. C'est quoi ce truc ? On dirait une secte.
Maintenant je comprends.
Mon corps est tellement meurtri, je suis tellement fatiguée que d'être juste avec moi-même, j'ai l'impression de me sentir… vivante ?
J'ai trouvé l'activité qui me permet de me reposer, de m'empêcher de penser.
Si je pouvais, j'en ferais 24h sur 24h.
Mon cerveau cherche encore une réponse.

Je n'ai pas de leçon à donner. Mais quand je vois qui j'étais avant tout ça et ce que je suis maintenant, j'ai juste envie d'aller vomir là.

Je te vois

Je parlais de mon corps, et des ravages de ma mauvaise alimentation. Mon poids cumulé.

Aujourd'hui j'ai enfin le temps, je prends mon petit déjeuner, je déjeune, je prends même un goûter ! Et je dîne.
Je ne peux plus voir un sandwich en peinture.

J'ai choisi la chrono nutrition, je suis suivie par le Docteur Delabos lui-même, je vais à Rouen.
Je n'aurais jamais pensé de ma vie sortir de Paris pour aller voir un nutritionniste.
J'ai besoin d'air.
Je n'arrive pas à aller dans les alentours de mon lieu de travail, j'ai peur, j'ai honte.
Je me regarde souvent dans la glace.
Est-ce que je vais me retrouver ?
Du temps. Il te faut du temps. Traumatisée. Je suis traumatisée à VIE.

5.

L'ENTREPRISE RESPONSABLE ?

Ambiguïté quand on lit cette phrase, non ? Je veux donner deux sens à ce titre. L'entreprise « est » responsable de mon état mais elle doit aussi agir de façon responsable, en anticipation. C'est quoi mon métier déjà ?

Article L. 4121-1

> « Les employeurs sont tenus de prendre les mesures nécessaires pour assurer la sécurité et protéger la santé physique et mentale des salariés.
> Le non-respect par l'employeur de ses obligations entraîne des sanctions. »

RELISEZ cet article.
La société m'a fait basculer et m'a précipité dans cet abîme sans fond. J'ai envie de vous traiter de tous les noms, comme je me suis traitée, et me traite encore. Mais je suis professionnelle. Cette partie est professionnelle.

Le comportement managérial

J'ai voulu tout plaquer. Changer de boulot à cause de vous. J'ai cru que j'étais folle à cause de vous. J'avais un engagement disproportionné ? Il a été vrai à CHAQUE SECONDE, dès que j'ai intégré la société.

J'ai dit que je voulais devenir caissière et ne plus jamais avoir de responsabilités. Vous m'avez poussé à ça. Combien le pensent aujourd'hui et demain ???
Caissière ? Comme ça je ferais mes heures et je me tire. *Ciao* ! Ne me demandez RIEN DE PLUS.

Le mauvais comportement managérial, celui des petits chefs, de ceux qui font les aveugles, ceux qui poussent, c'est eux les accélérateurs vers le burn out. On peut aller jusqu'au suicide, à cause de ça. Avant ça ? Avoir mal au dos, de l'acide dans la gorge, des palpitations.

Surtout sur une personne qui est pleine d'envie, accepte, veut aider à soulager, qui ne dit pas non, ne fait pas de vague.
J'ai lu dans un magazine que les personnes en entreprise qui gueulaient, celles qui étaient négatives, étaient celles qui obtenaient le plus de choses par rapport aux silencieux.

Choc.

Quoi ??? A l'inverse de MES valeurs. C'est ça la réalité aujourd'hui ? Ne fais pas l'idiote, Aude, tu as les statistiques, tu les as devant les yeux.

Et pourtant, malgré ça, je compte me relever et ne pas me renier. Me servir de cette épreuve atroce.

Le manager de proximité est essentiel et indispensable à l'entreprise : il doit informer et communiquer, il doit définir des règles claires et déterminer des objectifs opérationnels, il doit motiver son équipe, il doit organiser et planifier le temps de travail, évaluer les performances et corriger les erreurs, résoudre les difficultés en sachant gérer les conflits. Ah tiens, oui, il doit EN PLUS, être développeur de compétences, relais des ressources humaines, au cœur de la conduite du changement.

Comment je le sais ? J'ai tenu ce poste, et j'ai été près d'eux. Tous les jours je voyais et je hurlais à l'intérieur.

L'entreprise a une p… de responsabilité, d'accord ??? Vous, les managers, vous lisez ça ??? L'entreprise doit vous aider et vous accompagner pour parvenir à appliquer cette loi.

Quel être humain peut être parfait dans tous ces domaines en même temps ??? Tout ça pour faire croître et développer votre entreprise.

Ce poste idéal a failli me tuer, j'en ai pris plein la gueule, parce que j'y crois au management. J'y crois tellement fort.
Quand il sera temps, je continuerai, mais plus apaisée, et sûre de moi, il n'y a qu'ainsi qu'on m'écoutera, j'ai compris ça.

La douleur rend meilleur.

Il faut les aider ces managers, les bons. Cherchez-les, ce sont eux les meilleurs qui souffrent, il faut aussi rencontrer les salariés tout en bas de l'organigramme, parce que certains s'investissent aussi et vous ne les voyez pas. Pendant ce temps là, ils souffrent !!! Aidez-les, sinon ça va être catastrophique pour eux et l'entreprise perdra une personne de valeur.

Je veux empêcher ça avec ce livre. Si vous souffrez et que vous avez si mal, et que vous ne savez pas quoi faire, appelez un professionnel, il vous aidera. Selon vos moyens. Gratuitement ? Je ne sais pas, mais c'est sûr, on est en France, ce pays magique, magnifique, le pays des droits de l'homme : Liberté, Egalité, Fraternité.

Croyez-moi, aidez moi à diffuser ce livre, parlez-en et si vous avez aimé ou non, vous pourrez me le dire par email ou sur Facebook. Vous trouverez un moyen. Mais revenons-en au plus important.

Vous, dirigeants, managers hauts placés, vous devez AUSSI faire ce travail. Vous avez le devoir de faire ce travail.
Il faut les aider, merde. Il faut faire le bon choix. Vous, dirigeants, managers hauts placés, vous devez AUSSI faire ce travail.

Parce que moi j'étais naïve, je vous faisais confiance, je pensais que vous étiez là parce que vous êtes super bons. Mais en fait, non.

Dommages collatéraux.

Vous avez des responsabilités vous aussi, mais on a aussi peur de parler parce qu'on se demande : que vont-ils penser si je dis ça ? Vont-ils me mettre au placard, vont-ils m'engueuler ? Vais-je être licenciée parce que j'ai dit la vérité, pour empêcher, pour arrêter que je souffre. Ils sont tellement bien eux.

Alors, un conseil aux dirigeants : vous avez deux choix pour nommer un manager :
– soit prendre le temps de la réflexion ;
– soit répondre à la situation dans l'urgence pour procéder à un remplacement, tenir cette fonction.

Si ça prend du temps, il faudrait réfléchir à COMMENT les gens se débrouillent en bas.

Dommages collatéraux.

Nommer un manager jeune ? Suis-je contre ? Cela dépend de l'impact. Les salariés doivent comprendre POURQUOI. C'est la MOINDRE DES CHOSES.

Un manager qui est jeune, pas préparé ou si peu, et sous la pression, peut faire des dommages.
Il y en a que vous jetez dans la fosse aux lions.
Beaucoup font ce qu'ils peuvent avec leurs moyens, d'autres sont pervers, égoïstes, promettent, exigent, d'autres pensent qu'ils ont le pouvoir.

Les bons managers croulent sous la charge de travail, sous le poids de leur responsabilité, ils soutiennent, ils compensent, ils font des heures de dingue, on leur demande plus parce qu'ils sont performants (je hurle à l'intérieur), ils n'arrivent pas à dire non, ils n'ont pas le temps, on exige plus d'eux. Ils ne veulent pas perdre leur travail.

L'urgence, nouveau mal du siècle

Il y en a MARRE. MARRE. MAAAAAAAAAAARRE d'utiliser ce PRÉTEXTE de l'urgence.

Ok il y a Internet, ok, il y a les smartphones, ok il y a les réseaux sociaux.

Tout va tellement vite. On a tout accéléré c'est ahurissant. Et l'être humain, je suis désolée, ce n'est pas une MACHINE, sur lequel on appuie sur *ON*, et on lui

dit, fais ci, fais ça, non, fais pas ci, fais pas ça, en nanoseconde.
L'être humain a besoin de temps, de décoder avant de réagir, surtout s'il engrange beaucoup d'informations et qu'il est sollicité sur un grand nombre de tâches.
On a aussi notre histoire personnelle, on a souvent besoin d'expliquer pour clarifier et être sûr que la demande est bien comprise, on n'a pas une carte mère à l'intérieur. Comment ça marche un humain ?

Le stress est PARTOUT, TOUT LE TEMPS.

Exemple ?
J'ai un Smartphone. Je l'adore d'ailleurs, j'ai toujours mes écouteurs vissés dans mes oreilles. Un jour, un écouteur grésillait, j'étais énervée, je suis allée à la FNAC, tendue, vite. VITE. VITE. Aaaaah je me sens mieux. Ce n'est pas gérable du tout de ne pas avoir le son équilibré.
Mais je veux parler d'autre chose. Un jour, je me suis posée et j'ai regardé les gens en faisant mes exercices de yoga. Respire.
J'ai été frappée de voir les gens avoir à 80% la tête penchée sur un portable, écrivant un SMS en marchant, (il y a même une personne, type cadre dynamique, costard, qui s'est pris un poteau violemment, j'ai eu mal pour lui, mais son portable est tombé, je crois qu'il se souciait plus de ça que de la bosse qui allait le défigurer !)

Le stress de l'urgence au quotidien ? Les transports.
J'ai pris le train un matin avec mon ami, heure de pointe les gens vont travailler (*idiote que tu es toi qui ne travaille plus*). Train bondé comme d'habitude. Le train s'est arrêté. Les gens ont commencé à regarder leur montre, à appeler, à s'excuser, à être impatients. Moi j'étais tranquille. J'ai pratiqué la respiration apprise au

yoga pour éviter de m'énerver. Je suis déjà assez mal comme ça.
Mon ami a pété un câble, a insulté la SNCF, il y avait une rame vide, les gens ne devaient pas rentrer, il y avait des affiches.
Ils sont rentrés.
Ben oui, il faut bien qu'ils aillent gagner leur croûte, éviter de se faire engueuler par le patron, ou regarder de travers par le collègue de service qui penserait éventuellement que je suis gonflée d'arriver en retard. Bref.
Moi j'essayais de calmer mon ami.
(*Ça va changer quoi de vous époumoner ? Bon c'est vrai ça soulage.*)
Je crois que si un agent s'était présenté à cet instant, il s'en serait pris des noms d'oiseaux ! Ils volaient déjà en son absence !
Je regardais. J'ai pensé au boulot. J'étais aussi comme ça. (*soupirs*)
On cherche quoi ?
Mon ami me répond sèchement. (*hééééé moi j'y suis pour rien !!!*)
J'ai failli m'énerver en l'engueulant. (*Tu aurais fait la même chose*). Respiration.
J'arrive plus à respirer, je suffoque, pitié, faut que je sorte.

On cherche quoi ?
Ah oui, conquérir des marchés, et des marchés internationaux, ça c'est très très important.
Grandir, avoir plus de clients.
Je me rappelle d'un challenge organisé pour pousser les vendeurs à vendre plus. Récompense organisée un an après. Aberration totale.
J'ai tellement insisté pour qu'on l'obtienne. Les managers commençaient à essuyer les remontées et le

mécontentement de leurs équipes. (Les pauvres).
Beaucoup de salariés ayant participé à ce gain étaient partis. *Turnover*, vous vous rappelez ?
C'est moi qui l'ai organisée, cette soirée, c'était bien. On s'est bien amusés.

Dites. On arrive à obtenir les résultats grâce à qui ?… des machines ? Heu… je crois qu'il y a des gens derrière, non ? De moins en moins c'est vrai. Pourtant en 2050 on sera 9 milliards.
Oh là, là.
Il y aura de la place ???

La responsabilité sociale n'est pas une utopie !

RSE.
Pour être précise c'est la responsabilité sociale et environnementale. J'ai étudié ce concept lors de mes cours de BTS d'hygiène sécurité, environnement. Bac+2.
Ah oui désolée, j'ai pas un Bac+5, je n'ai pas fait une « grande » école.
(Quand j'ai préparé mon diplôme RH en FONGECIF j'ai obtenu un niveau Bac+4).

Pourquoi j'ai choisi ce BTS je me disais ! Durant toute cette période, j'ai perdu peu à peu ma confiance, ma certitude, je me dis que je suis une merde. Choix de merde.

Peut-être pas en fait.

Le développement durable c'est un concept pour essayer de conserver nos ressources tout en pensant à augmenter le chiffre.

Je simplifie pour être comprise du plus grand nombre.

J'ai le livre *Regards partagés (sur la terre et les hommes)* de Arthus-Bertrand, Jacquard et Delannoy.
J'ai le livre *Le syndrome du Titanic* de Nicolas Hulot, et *Graines de Possibles – regards croisés sur l'écologie* du même avec Pierre Rabhi, dédicacés par les deux.
J'ai rencontré Nicolas Hulot à l'époque des Défis de la Terre.
(*Soupirs*)

Vous connaissez le classement *Great place to work* ?
C'est quoi ?
Cherchez.
C'est pas mal… Mais il y a du boulot les amis.
Je suis allée au siège de PepiscoFrance. Ils sont au top de ce classement depuis des années.
Vous voulez rire ? Ma sœur jumelle bossait dans ces immeubles que se partagent plusieurs boîtes, dans une autre société. Convoquée et licenciée alors qu'elle était en arrêt de travail après un accident de trajet. Elle se dépêchait de se rendre à son boulot. Double fracture ouverte et, au final, remerciée alors qu'elle était aussi impliquée que moi.

Il y a du boulot. Tellement.
Vous feriez mieux de COMMENCER IMMÉDIATEMENT pour certains, vous avez tellement de choses à faire pour y arriver.
Il y en a qui ont compris, chapeau, c'est super.

Je suis tellement fatiguée. J'aurais tellement voulu appliquer tout ça. C'était un rêve.
Brisée.

Burn out.

6.

JE SUIS LA SOMME DE TOUS MES CHOIX

Je suis comme tout le monde

Oui, un individu avec des défauts bien sûr mais aussi des qualités dont un immense désir, irrésistible : je voulais réussir à tout prix.
Je suis une femme entreprenante, je suis ambitieuse, une personne qui n'a pas peur des défis, d'escalader des sommets. Je n'ai jamais eu peur de prendre des responsabilités et j'ai du leadership. Une autorité naturelle. On me l'a souvent dit.

Pourquoi ne pourrais-je pas croire au management et à sa remise en question ? En l'entreprise consciente et citoyenne ? Au redressement de la France et au retour d'un avenir rayonnant ? A l'énergie positive ? Aux ressources humaines que mon pays de naissance contient en son sein et qui se taisent ?

J'ai toujours réagi ainsi. Au collège et au lycée j'étais déjà déléguée de classe. Tous les ans.

Je me rappelle une réunion d'équipe il y a quelques années, j'étais manager. Ma hiérarchie a fait un tour de table et a posé la question suivante : « Qu'est-ce qui vous plaît, c'est quoi votre projet professionnel ? »

Lorsque vint mon tour, j'ai répondu « j'aime l'Homme avec un grand H ». Ce responsable, directeur de magasin, s'est foutu de moi, et a poussé mes collègues à le rejoindre en dénaturant mes propos, en étant grossier. « Ahahahah Aude, on est pas là pour ça, ahahaha ». Imbécile. J'étais sérieuse. Au lieu de me demander de préciser, il s'est foutu de moi. Ceux qui sont censés être les modèles. Je me suis justifiée « je veux dire l'être humain ». Mais à ce moment-là, j'étais bien, j'ai retenu la leçon, certes, mais cela m'a confortée. Aude, va en RH. C'est ta voie. Il a peut-être fait juste une erreur et ne s'est pas rendu compte (mais j'ai mon avis là-dessus). Tu agiras pour essayer de limiter ce type d'imbécile qui ferait mieux de se remettre en question, un petit peu, et s'il persiste, tu iras vérifier, tu seras attentive à des éventuels dommages collatéraux, alerter si c'est le cas.

Ces dernières années, je me suis oubliée en tombant dans le piège.

Je suis une personne lambda. J'avais les meilleures intentions en m'investissant ainsi. J'avais un rêve, j'ai fait une promesse. J'ai oublié le plus important. Moi. Maintenant je sais qui je suis, ce que je ne veux plus, ce que j'ai fait.

Pourquoi est-ce que je doute encore en écrivant ces mots ? Je dois me reconstruire. Me retrouver vraiment. Je me suis vidée, batterie à plat. HS. Je suis si fatiguée, je sens encore les pointes dans le dos, le cou, mon estomac.

Un jour, ma sœur a ouvert son PC de travail chez elle et elle a vu, vous savez ce chiffre en rouge, les mails non lus. Décharge électrique. Souvenirs. Je n'ai pas fait ci, je n'ai pas fait ça, je ne vais pas assez vite, c'est pour ça qu'on ne m'a pas laissé ma chance. Et voilà, quand je l'ai quittée ce jour-là, j'étais sur le quai, et je réfléchissais, la tête baissée, en faisant les cent pas en attendant le métro. Je suis marquée à vie. Je n'oublierai jamais. On m'a précipité dans ce gouffre. Responsabilité sociale et environnementale, merde. Bougez. Sinon combien iront dans le mur ? Vous ne voulez pas dépenser ? Tant pis pour vous. Vous serez responsables. Le jour où la personne partira d'un coup, vous vous poserez peut-être la question. Jusqu'où faut-il aller pour que les gens réagissent ???

Je ne suis pas une utopiste. Il y a des salariés qui sont moins bons que d'autres, il y en a qui nuisent à l'entreprise. Il faut prendre la décision de s'en séparer mais posez-vous la question. Je l'ai fait. Dans beaucoup de cas, je n'ai rien à me reprocher.

Je ne suis pas parfaite, la preuve. J'ai essayé d'atteindre un objectif, peu importait le prix. Alors, quel est votre prix à vous ?

Moi ? C'était ma propre vie. Mais bon, c'est le passé.

J'aime les gens

Je porte un grand intérêt à ce que vivent et ressentent les autres, c'est pourquoi je suis investie dans mes relations professionnelles. Et je mets tout en œuvre pour atteindre les objectifs qui me sont fixés dans mon domaine.

Je ne me suis pas trompée en choisissant les ressources humaines, mais j'ai fait une erreur, je suis tombée dans le piège du toujours plus, toujours plus vite, je me suis oubliée, je n'aurais jamais dû le faire. Plus jamais cela ne m'arrivera, je suis marquée à vie par ces années de toute façon. J'ai tout en tête, j'ai les sensations, les émotions, les pensées. Personne ne saura jamais ce que j'ai vraiment ressenti. Ce que ça fait à l'intérieur.

Je croyais être minable, nulle, une merde sans nom, je sais que c'est faux maintenant. Maintenant je dois me reconstruire.
Mais je ne peux pas connaître ce qu'est le *burn out* professionnel et laisser les gens ne pas savoir à quoi ils s'exposent. Surtout les… meilleurs. Eux ne parlent pas. Ils compensent les défaillances.

J'ai une amie. Elle a 27 ans.
Vous savez ce qu'elle dit aujourd'hui, « C'est bon j'en ai marre, je ne donne plus, j'ai un CDD, et pourtant j'ai envie d'avancer, j'ai plein d'idées, vivement que ces vieux DRH, et autres vieux croûtons de managers, bref cette génération qui ne comprend rien dégage ». En ressources humaines on appelle ça le conflit générationnel.

Un peu radical, c'est vrai, mais ne dit-on pas que la colère est source de vérité ?
On se laisse emporter et cela arrive à tout le monde.
Moi j'ai 33 ans. Mince, pourquoi est-ce qu'aujourd'hui je pense la même chose qu'elle ? Je pense même être plus radicale, je ne poserai plus les pieds en tant que salariée. Je suis traumatisée, vous avez lu pourquoi.

Il y a des seniors qui pensent la même chose, qui pensaient la même chose.

27 ans. Aussi abîmée. Déjà. Cette fille est de l'or. De l'or. Ceux qui l'auront, qui lui feront confiance, elle fera des merveilles.
Elle est fatiguée.
Elle a tellement souffert avec un licenciement économique, et des comportements managériaux… *no*

comment. Et c'était son tout premier poste après l'obtention de son diplôme niveau Bac+5.

Ma vision des choses ?

Tout le monde aspire à être bien au travail, aimerait que les 35h pour certains mais surtout les 40, 50, 60, 70h pour les gens comme nous se passent bien.
La faute aux 35h ? Je rigole et je vous dis NON.

Les générations actuelles ont entendu, et entendent les commentaires de la génération précédente. Les générations vivent avec l'héritage des précédentes générations.

« Pourquoi je passerai autant de temps au boulot, mon père y a passé sa vie, ne me voyait PAS »

« Pourquoi je me tuerai au boulot, on ne m'écoute PAS »

« Pourquoi je finirai tard, quand j'ai subi le fait de voir mes parents rentrer épuisés ?»

« Pourquoi mes parents se sont engueulés ? » (Moi je me demande, vous n'auriez-pas été épuisés par le travail ? J'ai 33 ans, mon copain m'a hurlé dessus, JE lui ai hurlé dessus tellement on était tendus à cause du stress au travail).

« Pourquoi prendre des responsabilités alors que j'ai vu mes parents en prendre et n'avoir AUCUNE RECONNAISSANCE ? »

La reconnaissance ce n'est pas forcément de l'argent vous savez. Elle peut prendre tellement de forme. Savoir QUI on est, connaître notre PRÉNOM quand vous passez, chers patrons, un merci bon boulot, apparemment tu as des difficultés en ce moment prends une journée (sans faire culpabiliser),…certaines entreprises ont compris.

Vous savez ce que je dirai à mon enfant si j'en avais un ? Mépris des filières technologiques ? CERTAINEMENT pas. Je lui dirai CAP cuisine ? Fonce. Rien à faire de la fac, ou des grandes écoles.
Je lui dirai, ne passe pas de temps au travail si on ne reconnaît pas ta valeur.
Dis ce que tu penses, n'hésites pas, tu ne veux pas rester ? Ça fait 6 mois ? Va-t-en. Tant pis pour eux.

Je rigole en entendant les politiques, il faut créer des entreprises !!! Allez-y les jeunes !!!
Monter une entreprise, ça demande du temps, de l'ARGENT, un investissement de dingue. J'ai lu le livre blanc de Mme Parisot, *Besoin d'air*. J'ai mon opinion.

Génération Y « arrogante, fainéante, insolente » Ils devraient prendre des Responsabilités ? On se demande pourquoi ils ne veulent pas, pourquoi ils partent à l'étranger, plaquent tout.

Et s'ils se disaient, c'est tellement moribond en France, on presse tellement mes parents, on me montre tellement que je peux gagner de l'argent vite et 100 fois plus qu'eux sous prétexte d'allier humanitaire et audience. Et s'ils se disaient, « C'est peut-être mieux ailleurs, j'ai pas envie de galérer comme eux, si j'allais voir ? »

Vas-y mon fils, vas-y ma fille; je vais même t'aider.
Fuis !!!!

L’arme de construction et de performance collective

Je n’ai pas la science infuse. Mais je suis sûre de ce qui va suivre. Pour cela, je dois remonter le temps pour vous faire comprendre.

En 6e, j’ai choisi de faire du grec ancien et du latin en option. Le latin ? D’accord. C’était amusant. Et puis j’étais avec Cyrille. Nous nous sommes connus cette année-là. 1990 il me semble. Qu’est-ce qu’on a ri. Lors de cette conversation, j’ai dit regretter d’avoir pris cette p.... de langue morte qu’est le grec ancien parce qu’aujourd’hui cela ne me servait à rien.
Pourtant, ces années-là, j’ai adoré ce que j’ai appris. Nous étions vraiment très très peu nombreux, et moi j’étais excellente. Pourquoi l’étais-je ? J’en étais passionnée, c’était même facile pour moi. J’adorais écrire le grec, je m’appliquais (comment lire du grec avec une écriture illisible ???). J’adorais les versions, l’alphabet si mystérieux, les lettres ont tellement de style, je les comparais aux hiéroglyphes, j’aurais pu communiquer en secret avec (l’a-t-on fait Cyrille ? Je ne m’en souviens plus). Et des histoires passionnantes ! Zeus, Athéna, Hippocrate, Thésée et le Minotaure, l’*Odyssée* d’Homère, L’*Iliade*, la guerre entre les Grecs et les Perses, Euripide, Platon, et j’en passe tant. Quelles magnifiques leçons j’ai apprises à ce moment-là.

Pffff. Quelle idiote. Pourquoi j’ai pris cette langue ? Regarde où tu en es maintenant. Bravo, beau parcours.

J’y ai réfléchi, j’ai pris du recul. J’ai repensé à une phrase célèbre et c’est apparu comme une évidence, comme par enchantement. M. Socrate et vous autres philosophes, vous êtes immenses. Vous aviez déjà compris.

L'arme dont je parle ? Ce n'est rien de plus ou de moins que la connaissance de soi.

Opérer ce changement vers l'entreprise responsable va demander un temps considérable, se remettre en question, ce n'est pas facile. Il y aura encore et encore et encore des dommages collatéraux. C'est préoccupant. J'ai failli faire partie des statistiques.

Au secours !
Alors d'ici là, un humble conseil.
Il faut se regarder et changer. Tout seul. Ça commence par peu de choses.

Je pense que tu utiliserais bien plus légitimement ces termes de « connaissance de soi », Cyrille. Moi, en tant que professionnelle RH, j'utiliserais plus facilement les termes de développement personnel. Je préfère cependant largement les mots hérités de Socrate (et d'autres).

« N'est-il pas évident, cher Xénophon, que les hommes ne sont jamais plus heureux que lorsqu'ils se connaissent eux-mêmes, ni plus malheureux que lorsqu'ils se trompent sur leur compte »

C'est ça ma réponse. C'est ça l'arme.
Individuelle, elle protègera, et évitera d'en arriver au *burn out* qui pousse à passer à l'acte.

En thérapie, on parle d'estime de soi. Je ne savais pas ce que c'était. Comment trouver ? Où chercher ? Qui prendre comme modèle ?

L'arme serait donc la connaissance de soi ?

Je n'arrive pas à croire que je l'ai entendue, lue, il y a quoi ? Plus de 20 ans ? Et c'est seulement maintenant que je comprends.

Il est né quand déjà Socrate ? Non, ce n'est pas possible ! Si Aude, c'est ça.

Se connaître protège et nous fait sentir nos limites, cela permet de nous exprimer sans avoir peur, et donc d'avancer, et de faire avancer les autres, de se battre pour ou contre ce en quoi l'on croit, peu importe le reste. J'ai la conviction que c'est ainsi que je me reconstruirai. J'ai la conviction qu'à force de m'être oubliée, j'ai arrêté de me donner les moyens de mieux me battre pour mes valeurs, mes idées, mes croyances. Sans me mettre en danger, en relativisant.

J'aurais dit non. J'aurais dit stop.

Se connaître demande du temps (vous comprenez maintenant ma position sur l'urgence !), beaucoup de temps, une vie sans aucun doute. Je suis même persuadée que nous sommes nombreux à passer à côté avant de partir… malheureusement, et cela continuera. Cela demande du courage. C'est, selon moi, difficile et violent. C'est le sentiment que j'ai.

Qu'en penses-tu, Cyrille ?

Je suis sûre que lorsqu'on y parvient, on le sait, on le sent. Personne ne peut le faire à notre place, c'est individuel, personnel, unique. On se sent libre. Et là, tout est simple, naturel. Dire oui, dire non, monter une entreprise ou ne pas le faire, démissionner ou continuer, donner ou s'arrêter, reconnaître ses torts sans penser qu'on s'abaisse… Décider ce qu'on veut faire de sa vie.

« Ca y est, j'y suis arrivée ». Peut-être que certains y arrivent plus vite que d'autres.

Je me suis trompée, je suis tombée, je me suis fait violence, je me fais encore violence. Tous les jours. Je progresse. Je sens parfois que ça avance, mais je replonge encore dans mes travers. Il faut de l'énergie. Et j'en ai perdu tellement. Je suis ébranlée, je le sens à l'intérieur. Que faire d'autre à part continuer et prendre le temps nécessaire ?

C'est pourquoi j'en appelle aux psychanalystes, aux psychologues, aux médecins, aux professeurs, aux managers, aux étudiants, aux amis, aux collègues, aux parents, aux enfants, au yoga, au sport, à la religion s'il s'agit d'une démarche personnelle, aux faiblesses, aux expériences, au travail en équipe, à la solitude, au débat, aux discussions, aux colères, aux disputes, aux émotions, au silence, aux jeunes, aux vieux, aux joies, aux peines, à l'entreprise, aux associations, aux humoristes, aux ruptures, à la lecture, au cinéma, aux erreurs, à l'écoute, réfléchissez ou foncez,…
Faites vos choix, ce ne sont pas les occasions qui manquent. Faites vos choix et connaissez-vous. Il faut du temps pour ça.

Conclusion

Et voilà. Il est temps de conclure et je le fais avec beaucoup d'émotion.

On aurait pu m'aider. Mais qui prend le temps de regarder, observer, agir ? J'étais seule, j'étais loin, tout le monde courait dans tous les sens, moi-même j'essayais de le montrer le moins possible. On passait ma porte, Aude je peux te parler ? Bien sûr.

Ils sont sur le terrain, ils doivent augmenter le chiffre. Donne-leur du temps. Les managers n'y arrivent pas, ils ne sont pas là.

Partez du principe que personne ne fera cette introspection à votre place. Vous avez les clefs. Vous avez les ressources, sinon allez chercher de l'aide et agissez.

Il est possible d'accompagner les salariés, et pour moi, par conviction certaine, les managers de proximité, les managers de managers aussi, je rêve de participer, d'aider ceux qui ont déjà compris, convaincre ceux qui ne le sont pas encore par ce livre.

Montrer l'exemple.

Tout le monde est concerné. J'ai failli tout perdre.

Je me souviens de cette chanson de Michel Fugain, apprise au collège, en cours de musique ou à la chorale :

« Même en courant
Plus vite que le vent, plus vite que le temps,
Même en volant,
Je n'aurai pas le temps, pas le temps. »

Ce mur qu'est le *burn out*, suis-je et serai-je la seule à le prendre de plein fouet sans avoir vu les choses venir ? J'ai regardé les journaux transmettre les informations sur les suicides dans les entreprises que vous connaissez. J'ai été horrifiée devant la télé. J'ai même dit : « Je ne comprends pas comment on peut en arriver là, c'est dingue, il faut être vraiment au bout du rouleau ». Pardon à ceux qui sont partis. Je n'avais pas compris.

Vous êtes prévenus maintenant. Ce n'est pas un jeu, un terme à la mode, il y a tellement de personne de bonne volonté, qui veulent bien faire. Je vous en supplie, reprenez le contrôle de votre vie, prenez la décision que je n'ai pas prise, arrêtez-vous et réfléchissez, vous devez vous rendre compte de cette descente. Je suis convaincue qu'il y a des personnes dans votre entourage qui voient le changement, alors prenez le temps d'écouter, et de changer quelque chose. Parfois ce n'est pas grand-chose. Par pitié. Faites-vous aider si vous n'y arrivez pas, pour vous donner l'impulsion !

Dès que vous sentez certains signes, certaines paroles, « tu travailles trop » « tu en fais trop »… et que vous répondez « mais je ne peux pas, tu ne comprends pas, j'ai tout ça à faire, je suis noyée, et puis il y a ce projet, je ne peux pas laissez tomber, je veux avancer et monter… »
Arrêtez votre massacre. Je ne vous dis pas de ne plus aller bosser, de tout plaquer ; simplement de vous rendre

compte et de faire quelque chose. Je suis convaincue que vous avez des signes, le dos peut-être ? Les maux de ventre ? Allez consulter ! Je l'ai fait mais je n'ai pas arrêté.
C'est aussi pour cela que je ne peux pas vous en vouloir si vous n'y arrivez pas. Mais essayez. Vous n'y arriverez pas seul. C'est tellement violent de faire machine arrière. Il faut de l'énergie pour y arriver et vous n'avez pas le temps, je sais.

J'ai envie de hurler aux entreprises, vous le savez, vous le voyez. Ce n'est pas possible. Vous faites le choix de supprimer des postes encore et encore, de déployer la charge sur les autres, personne ne dit rien, les gens ont peur de perdre leur boulot, ou ils pensent qu'ils y arriveront.

Aujourd'hui et au regard de la conjoncture, le lien salarié-employeur devient de plus en plus conflictuel, les employeurs ne trouvent pas le temps ou ne le prennent pas du tout pour rencontrer et rester connectés à leurs propres salariés. Ils se déconnectent du socle, des travailleurs d'en bas. Et s'ils passent, les salariés doivent gommer les imperfections, souvent pour montrer que tout va bien malgré les difficultés, le manque d'effectifs... Pourquoi devrait-on avoir peur de présenter la réalité, la vérité, même si elle met en lumière des dysfonctionnements dans l'entreprise. C'est pourtant ce courage-là qui permettra d'avancer, de trouver des solutions, de connaître ou reconnaître l'apport des hommes et des femmes afin de leur donner les moyens. On peut y arriver petit à petit. Tout ne changera pas, certains seront contre ce que je dis, ce que j'écris.

Si vous souffrez au travail et ne changez rien, vous

croyez que vous n'allez perdre que votre poste ? Continuez, vous allez perdre plus. Vous commencez déjà à grignoter, à perdre. Vous n'avez pas le temps de voir vos enfants, ils vous le rendront plus tard. J'ai envie de hurler que la solution à la compétitivité, à l'envie d'entreprendre, à la créativité, c'est de donner le temps de respirer. Les bons salariés seront présents, quand il faudra mettre un coup de collier, ils le feront, mais en contrepartie, vous devez les laisser respirer.
Ce temps-là n'a aucun prix, vous le croyez secondaire, ils prendront du recul, le temps de se connaître, de se demander s'ils sont fait pour ce métier. Ils donneront le meilleur d'eux-mêmes, ils seront eux-mêmes. Ils seront libérés de dire, de vous donner des pistes. Dites-leur la vérité, ils comprendront. Ils seront en colère, peut-être, mais s'ils se connaissent et veulent être heureux, ils prendront la bonne décision. Les entreprises doivent agir, les managers n'ont pas assez de recul, ils ont la tête dans le guidon. Ils sont noyés pour la plupart, ils ne voient même plus qu'une personne de leur équipe dépasse les limites. Parfois, c'est le manager lui-même qui, ne connaissant pas ses limites, demande la même chose à ses collaborateurs. Le salarié n'est pas comme lui ? Ne passe pas autant de temps au travail ? « Il est mou, il est pas bon… » Peut-être qu'il a ses raisons. Analysez. En ces temps de crise, beaucoup d'entreprises ont une stratégie qui va à l'inverse de la productivité.

Je suis quelqu'un de pragmatique, j'ai la culture du résultat, je suis la somme de tout ce que j'ai appris, ce que j'ai enduré dans la vie, je suis optimiste, pleine d'énergie, et je suis performante car mon projet de carrière je l'ai choisi. Je suis faite pour ça.
J'ai fait des erreurs, je ne suis pas une machine. Mais j'ai tout donné.

Vais-je revenir un jour travailler ? Je ne sais pas si j'en ai la force. Je ne suis plus capable de faire ce que j'ai fait.

Une dernière chose encore.

Rien n'arrive par hasard, cela dépend aussi de nos actes.
Je sais où je dois aller désormais.
Aujourd'hui, je suis la somme de tous mes choix.

« Intouchable :
Qui est au-dessus de toute critique. »

Épilogue

Le jour où j'ai décidé d'envoyer un SMS à Cyrille pour le voir et lui parler de ce livre, j'ai douté de moi-même. *Est-ce que j'ai tout inventé ? Tu es sûre que tu as tout donné ? Si tu l'avais fait ils l'auraient vu, ce n'est pas possible...* Je marchais dans mon appartement, encore, et encore, et je cherchais à comprendre.
Pourquoi ? Comment en suis-je arrivée là ?
Je suis folle.

Ces trois derniers mots n'étaient pas en l'air, je le croyais vraiment. Je continuais à faire les cent pas, à essayer de m'empêcher de penser. Ce week-end-là, j'ai tellement pleuré. J'avais si mal à la tête. J'ai contacté des éditeurs. Je l'ai fait car je savais que j'avais besoin d'aide pour écrire, pour aller au bout. Rassembler, tout. Ce livre était nécessaire pour ma santé mentale.

Si Cyrille refusait de me revoir, peut-être que quelqu'un répondrait ? Je vous en supplie. J'ai consulté mon adresse mail toutes les minutes.

Je deviens folle, ça y est, les antidépresseurs, les anxiolytiques, ça ne marche pas sur toi. Tu as tout inventé.
Pitié, je vous en supplie, j'ai besoin d'aide.

Cyrille et moi nous nous sommes rencontrés quelques jours après, et dès que je l'ai vu, j'ai pleuré. Nous avons parlé.

J'avais besoin de lui. Il était le seul qui pouvait m'aider à écrire. Je le savais quand j'ai rédigé les premières lignes du prologue qui lui sont destinées.

Il a accepté. C'était le seul moyen d'aller au bout.

Comment ai-je pu imaginer une seconde qu'il refuserait ? Comment en étais-je arrivée à remettre en question ce qui était construit depuis tellement d'années, solide, indestructible ?

Lorsque j'attendais son arrivée, j'étais seule, j'étais fragile, il faisait froid, j'avais peur, les larmes montaient, j'ai pleuré, j'étais si angoissée qu'il me voit dans cet état.

Quelques mois plus tard, alors que j'avais fini la version initiale de ce livre, et trouvé un éditeur, Cyrille m'a annoncé qu'il n'écrirait pas la préface, je le soupçonne d'avoir dit oui lorsque je lui ai demandé pour m'aider à aller jusqu'au bout.

J'ai eu de la chance, marquée par le livre *Ils ne mourraient pas tous mais tous étaient frappés*, j'ai cherché à contacter Marie Pezé. J'ai remué ciel et terre pour obtenir ses coordonnées et au final, la formule : « C'est dans les vieux pots qu'on fait les meilleures confitures » est bien vraie puisque je les ai trouvées sur les pages jaunes ! Elle a relayé mon livre à Brigitte Font le Bret qui, touchée par mon histoire, en a écrit la préface.

Postface

C'est un vendredi, nous nous étions donné rendez-vous à proximité du Salon du Livre, je connaissais juste son prénom et son nom. Lorsqu'elle est rentrée dans le café je savais que c'était elle. Elle s'est mise à parler j'ai eu l'impression de poursuivre la lecture de son livre. L'écrit et la parole deux modes d'expression qui chez Aude s'entremêlent.

J'ai lu *Quand le travail vous tue - Histoire d'un burn out et de sa guérison* sans m'interrompre comme lorsque j'écoute mes patients qui m'expliquent leurs souffrances au travail. Impossible d'arrêter la parole ou l'écrit sur ces questions, car il faut les accueillir lorsqu'enfin « ça sort ». Le problème est bien là : sans espace d'accueil de la souffrance c'est le corps qui parle et de manière violente sous la forme de rejets bien souvent. Aude me dira d'ailleurs qu'elle a « vomi » son texte qui est devenu son livre.
Celui-ci ne nous plonge pas dans le monde du travail mais dans son travail, le sien, unique par définition car on n'aborde pas cette problématique par la généralité ou par une fiche métier. Chaque jour, chaque heure, chaque minute sont différentes, c'est la nature même du travail, même si certains rêvent de le cadrer par des procédures. C'est l'écart entre le travail prescrit et le travail réel qui va donner de la respiration ou de l'oppression à celui qui le fait.

Chaque détail dont parle Aude est important car il aide à comprendre ce qui s'y passe, rien n'est anecdotique. La résistance au réel et les solutions trouvées sont l'essence même du travail et chacune et chacun d'entre nous laissons là notre empreinte. C'est la plupart du temps la méconnaissance de ce processus et la croyance que le travail peut-être protocolisé pour tous qui sont source de souffrance.

Aude aime son travail, elle a une grande conscience professionnelle alors elle mange de plus en plus mal, elle finit de plus en plus tard, elle amène des dossiers chez elle. En fait elle est entrée dans le processus de l'épuisement sans s'en rendre compte car à cette étape là on pense que « s'investir encore plus » va permettre de résoudre les problèmes et on dit aux proches que c'est contextuel, que cela ira mieux après. Mais cet après ne viendra pas pour Aude, elle va se retrouver face à un mur, sa hauteur et sa dureté le rendent infranchissable. Elle s'y cogne à vouloir en perdre la vie.
Une longue épreuve de reconstruction démarre alors pour Aude et son livre en fait partie.
Partager ce qu'elle a vécu avec des lecteurs est pour elle un cri d'alarme pour dire stop à tous les blessés du travail qui gardent pour eux leurs douleurs pensant bien souvent que c'est leur faute car ils ne sont pas assez « performants ».

Aude souhaite libérer la parole sur le travail et y remettre de l'humain, son livre le permet.
C'est courageux de sa part, je sais que beaucoup de mes patients vont se retrouver dans son écrit.
Il devient de plus en plus urgent de traiter le concret du travail et de dénoncer les organisations managériales

maltraitantes et délétères pour la santé car comme l'écrit le philosophe Canguilhem : « Je me porte bien dans la mesure où je me sens capable de porter la responsabilité de mes actes, de porter les choses à l'existence et de créer entre les choses des rapports qui ne leur viendraient pas sans moi ».
Qui à ce jour peut faire sienne cette formulation ?

Docteur Brigitte Font Le Bret,
Psychiatre

Remerciements

A ma mère : Maman, j'ai compris, il a fallu du temps et aujourd'hui je t'admire.

A mon grand-père : J'espère que tu vas bien. Je fais de mon mieux, toi tu as fait ce que tu pouvais.

A ma grand-mère : Tu as fait des erreurs, mais on est là.
Alexandra, Eléonore : Jamais sans mes sœurs. JAMAIS. Ça ira mieux. On en parlera.

Alexandre : Tu es précieux, essentiel. Toutes ces disputes, toutes mes colères, tu devais savoir. Notre histoire est magique. Ensemble à jamais.

Silvio : Au prochain débat ? Je rends grâce à la naissance de ton fils.

Françoise : Je pense à vous tous les jours. A travers Alexandre.

Thalie : « Va au bout ». Tu m'as dit cette phrase, on était à un cours d'aquagym. J'ai noté ces trois mots. J'ai lu, pleuré, relu. RIEN ne m'empêchera, RIEN ne nous empêchera de nous voir.

Myriam : tu t'es déplacée, tu as été là. Tu as fait de ton mieux pour être là alors que tu cours tellement.

Drinette : On s'est vues, on a parlé, on est jumelles dans le professionnel à peu de choses près. Réfléchis. Tu assures.

A l'Equipe médicale du centre hospitalier Courbevoie-Neuilly-Puteaux, à vous tous. Merci. Dr B., que je surnomme « Docteur House du 3e âge », vous êtes fou, « cash », direct, ça m'a aidé, ça m'aide, ça m'aidera encore. Merci. Vous êtes celui qu'il me fallait. Incroyable Chrystel, non ?
Dashia, Krys, Vanille, Anisach : vous m'accompagnez et vous me tenez la main sans le savoir. Merci. Vous êtes des filles au top.

Et puis les autres, ceux dont j'ai croisé le chemin, que je croise encore, quelquefois ou plus du tout. C'est la vie. Expériences, positives ou non, voilà le résultat. J'ai appris et avancé.

Le Ciel ?

Achevé d'imprimer par

isi : print

15, rue Francis de Pressensé

93210 La Plaine Saint-Denis

N° imprimeur : 118642

Imprimé en France